真相解明

―信長の七不思議―

濵田昭生

真相解明

―信長の七不思議―

濵田昭生

はじめに

織田信長（一五三四～八二年）の伝記とか一代記などに触れると、信長の人物評は、大概、二極に分かれている。例えば、信長は、

「天才、偉才、鬼才、創造力に富む、聡明明敏、用意周到、好奇心旺盛、勇決果断、改革者、先駆者、革命児、風雲児、卓抜なリーダーシップを発揮、希代の英雄、不世出《ふせいしゅつ》な人物、……」

などと一目置いて語られる一方、返し刀で、

「うつけ（馬鹿者）、独裁者、短気、神経質、激昂型、傲慢《ごうまん》、威圧、猜疑心が強い、人を人と思わない、活殺《かっさつ》自在、冷酷、惨忍、尊大、軽蔑《けいべつ》、横柄、情け無用、無慈悲、陰湿、執念深い、人でなし、無神論者、悪魔、……」

などといった際限のない名折れ的な人間性や性格の持主であると、宣教師・フロイスの言（参照「注7のイ.」など）も引用しながら、殊更、大仰《おおぎょう》な言葉でもって極《き》め付けられている。だから真実を知る由もない我々にすれば、「信長」と聞けば、直感的に後段のそういった名折れ的なイメージを連想し勝ちとなる。

そして、そのような名折れ的なイメージばかりが脳裏に浮かんでくると、信長の人知を超えた素晴らしき行跡（偉業とか治績）に接しても、然《さ》したる感動も沸いてこず、またその因由《いんゆ》やプロセスなどを調べてみようとする情熱すらも薄らぎ、結局、信長そのものの研究に力が入らなくなる。そんなこともあってか、信長の行状などの多くが残念なことにベールに包まれミステリー化されてしまっている。

しかしながら気になるのは、そうした毀誉褒貶《きよほうへん》の激しいと言われる信長に、家臣ら万人が身を粉《こ》にし生命《いのち》を投げ打ってまで、それも何十年もの長期に亘って「臣従していく」ものだろうか……。

　取り分けて、当時は乱世、戦国の時代である。親子兄弟の相剋《そうこく》や主君に取って代わる下剋上《げこくじょう》も日常茶飯事だ。それ故に、自分が不利や危害などを被る場合、同じ境遇の者らと徒党を組むなどして、主君だろうが親・兄弟であろうが害を振り撒《ま》く者を葬《ほうむ》り去っていくのは、世の常であったろう。

　すると名折れ的な信長などは、尾張を平定するまでに抹殺されている筈だ。


だが事実、信長には利に聡《さと》い機に敏な戦乱の荒くれ者たちが、生涯に亘って多数臣従していたし、また支配した三十数ヶ国でも民衆の暴動などは発生していないのである（除く宗教一揆や謀反）。そう考えると、日本の史書に記されてもいない（フロイスらが記しているような）何か悪しき固定観念や先入観などによって、歴史研究は事実を取り違え、結果、とんでもない過誤を犯しているのでは、と思い悩むのだ。

　かような見方が「中《あた》らずと雖《いえど》も遠からず」であるならば、冒頭に言う信長の伝記などは、信長の「生き様《ざま》」を正しく伝えていない何か見誤った筋違いなものになっているのではないか……。そうした疑問や疑念を強く抱いたことから、然《しか》らば、その代表的なミステリアスなものを「信長の七不思議」と見て、それらの真相を解明し、百家争鳴状態にある信長論争に終止符を打ちたい一心で、本書を手掛けた次第である。

手掛けるにあたっては、時代背景や史書なども勘案、そして信長の一生涯を見通しつつ、臆測や邪推を排しながら、尚かつ条理に適《かな》った論理的な内容、筋道を追究していくことを肝に銘じた。

尚、「本能寺の変」については、信長より明智光秀や近衛前久らに疑念があるところから、本書の趣意と異なるので対象外とした。また本論での構成や解釈などで、ご異見やご高見も多々あろうと存ずるが、筆者の浅学《せんがく》菲才《ひさい》に免じ、ご容赦のほどを願いたい。

筆者

二〇一五年七月

注1…上杉謙信については、長尾景虎、政虎、上杉輝虎、謙信と、時に応じた呼び名もあるが、混乱するので、本論では、上杉謙信と統一して呼ぶこととした。また武田信玄についても、晴信、信玄と呼ばれているが、同様に武田信玄と統一して呼ぶこととした。

注2…年号表示は、比較し易くする為に、西暦とした。
大永（一五二一〜二八）　享禄（一五二八〜三二）　天文（一五三二〜五五）
弘治（一五五五〜五八）　永禄（一五五八〜七〇）　元亀（一五七〇〜七三）
天正（一五七三〜九二）　尚、月日は旧暦であり、人物の年齢は数えである。

注3…軍勢数の表示は、史料によって、「人」「騎」、あるいは単位の記載がないなど区々《まちまち》であり、比較し易くする為に「人」に統一した。また石高については、『決定版　図説・戦国地図帳』を参考とした。

注4…本書での大筋は、一六〇〇〜一〇年頃に記されたという『信長公記《しんちょうこうき》』［著者…信長の家臣・太田牛一（一五二七〜一六一三）］に拠《よ》っている。

注5…本文中、引用史書は＊印で、筆者の意見や考えなどは※印で表記した。

注6…本書は、これまで信長のそれぞれの事象や行跡などを研究した左記の拙書を加除修正しながら集約したものである。

『織田信長　民姓国家　実現への道』『桶狭間の戦い―景虎の画策と信長の策略―』『信長、謙信、信玄の力量と、天皇が支持した信長の「布武天下」』『ドキュメンタリー織田信長』『近衛前久が謀った真相「本能寺の変」』

注7…因みに、フロイスの理解し難い信長観や、フロイスの上司で巡察師・ヴァリニャーノがフロイスの報告（書簡）に絶望したといった内容を、参考として以下に掲載する。

イ．『完訳フロイス日本史』…フロイスの信長観――

a．一五六九年四月の信長との会見以降に記した内容――

彼は天下を統治し始めた時には三七歳くらいであったろう。彼は中くらいの背丈で、華奢《きゃしゃ》な体躯であり、髯《ひげ》は少なく甚《はなは》だ声は快調で、極度に戦《いくさ》を好み、軍事的習練に勤《いそ》しみ、名誉心に富み、正義において厳格であった。彼は自らに加えられた侮辱《ぶじょく》に対しては懲罰せずにはおかなかった。いくつかのことでは人情味と慈愛を示した。彼の睡眠時間は短く早朝に起床した。甚だ決断を秘め、戦術に極めて老練で、非常に性急であり、激昂《げきこう》するが、平素はそうでもなかった。彼はわずかしか、又ほとんど全く家臣の忠言に従わず、一同から極めて畏敬されていた。酒を呑まず、食を節し、人の取り扱いには極めて率直で、自らの見解に尊大であった。彼は日本の全ての王侯を軽蔑し、下僚《かりょう》に対する様に肩の上から彼等に話しをした。そして人々は彼に絶対君主に対する様に服従した。彼は戦運が己れに背いても心気広闊《しんきこうかつ》、忍耐強かった。彼は善き理性と明晰《めいせき》な判断力を有し、神および仏《ほとけ》の一切の礼拝、尊崇、並びにあらゆる異教的占卜《せんぼく》や迷信的慣習の軽蔑《けいべつ》者であった。形だけは当初法華宗に属しているような態度を示したが、顕位に就いて彼は尊大に全ての偶像を見下げ、若干の点、禅宗の見解に従い、霊魂の不滅、来世の賞罰などはないと見なした。彼は自邸において極めて清潔であり、自己のあらゆることの指図に非常に良心的で、対談の際、遷延《せんえん》（ずるずると引き延ばすこと）することやだらだらした前置を嫌い、ごく卑賤《ひせん》の者とも親しく話をした。彼が格別愛好したのは、著名な茶の湯の器、良馬、刀剣、鷹狩りであり、目前で身分の高い者も低い者も裸体で相撲をとらせることを甚だ好んだ。何人《なにびと》も武器を携えて彼の目の前に罷《まか》り出ることを許さなかった。彼は少し憂鬱《ゆううつ》な面影を有し、困難な企てに着手するにあたっては甚だ大胆不敵で、万事において人々は彼の言葉に服従した。

b．一五七七年三月…信長の帰依で日本はキリシタン国に――

もし、（キリシタンの神である）デウスのご慈悲により、信長にいとも深き恩寵《おんちょう》を授け給うならば、日本において、その上なすべきことはない。なぜなら、そうすれば日本中の国民がたちどころにデウスに帰依するからである。

c．一五七八年一〇月…荒木村重が謀反の時――

信長は本来、善良な素質を備えていたとはいえ、彼にはデウスを認めるという最も大切なものが欠けていた。

d．一五八二年五月…信長の次なる目標――

信長は毛利を平定し日本六六ヶ国の絶対君主となった暁には、一大艦隊を編成して「シナ」を武力で征服し、諸国を自らの子息たちに分ち与える考えであった。

e．一五八二年六月…本能寺の変を九州で聞き付けて記した内容――

現世のみならず、天においても自らを支配する者はいないと考えていた信長も、ついには以上のように無惨で哀れな末路を遂げたのである。彼が極めて稀に見る優秀な人物であり、非凡の著名な司令官として、大いなる賢明さを以って天下を統治した者であったことは否定し得ない。そして傲慢さと過信において彼に劣らぬ者になることを欲した明智も、自らの素質を忘れた為に不遇で悲しむべき運命を辿ることになった。

…ごく僅《わず》かの時が経過した後には、その権力を示すものとては何ら残存せず、瞬時にして彼らは地獄に落とされたのである。万人を戦慄させていた人間が、髪の毛も、骨も、全てなくなり、彼のものとしては、この地上に何も残らなかった。

ロ．『フロイスの日本覚書』…ヴァリニャーノが部下・フロイスの報告に絶望――
フロイスの通信文（報告）と現実の日本教会を見比べ、実情が異なることに絶望した。

目次

一章　乱世・戦国の時代

1. 世相などについて

①末法の世

当時は、仏教にいう末法の世（末法元年…一〇五二年）に入って既に五〇〇年近く経っている。末法の世とは、「釈迦《しゃか》が死んで後の一五〇〇年以降は、仏教も廃《すた》れ仏の教えを以ってしても衆生《しゅじょう》は救われない暗黒の世になる」と、釈迦本人が予言したというものである（参考『東洋思想研究』『日本大百科全書』など）。

日本では、この釈迦予言を信じ「誰も救われない」「極楽往生ができない」などといった危機感や絶望感を抱いたことによって、平安時代末期～鎌倉、室町時代にかけ、一切の衆生の願いが叶《かな》い極楽浄土へ導いてくれるとした新興宗教や仏造像が数多く湧出し顕現したという。こうした動きは、歴史の語るところである。

＊宇治平等院――

末法の世になっても、阿弥陀如来のご威光によって、「現世安穏」「極楽往生」などの願いが叶うようにと、一〇五二年、関白・藤原頼道が宇治平等院を創建した。そして翌年、阿弥陀如来坐像を安置する鳳凰《ほうおう》堂で造立供養が行われたという。

尚、鳳凰とは、天子がこの世に現れ乱世を鎮定した時、その吉祥を祝して麒麟《きりん》などと共に天上から出現する、と古代中国にて伝承されている瑞鳥である。

②乱世・戦国時代

かような末法の世の暗澹《あんたん》たる世相が続く中で、権力闘争に端を発した応仁の乱（一四六七〜七七年）が勃発、日本の戦国時代が始まったのだ。尚、こういった乱世・戦国時代への傾斜を助長させた一因に、一五世紀中頃は、小氷期で災害や飢饉《ききん》が頻発した、と気象専門家も当時を分析する（参考『大系 日本の歴史6』）。

それ故に諸国では、大名や豪族らが些《いささ》かでも豊かさや繁栄を得んと、さも真っ当な大義を掲げて勢力拡大などに鎬《しのぎ》を削り、それぞれ食うか食われるかの弱肉強食の戦いに明け暮れていた。だから信長が生まれた頃の一六世紀前半とは、正に戦乱の世の真っ只中であった、と言われる所以《ゆえん》である。そうであれば、そうした世に社会秩序を維持するが為のルール「道徳や倫理」など、あったものではない。

したがって多くの国々では、相剋《そうこく》や下剋上《げこくじょう》などが横行し、しかも天皇の権威や足利幕府の統治・統制も地に墜《お》ち無政府状態と化していたから、世は大混乱に陥っていたわけである。

当然のことながら、人命、人権を黙殺した戦乱状態での惨忍、残酷な殺戮《さつりく》や略奪に人身売買などといった、悪しき積弊の不幸が民・百姓に重く伸《の》し掛かっていた。その上、飢餓に瀕し疫病《えきびょう》なども蔓延《まんえん》していたことから、疲弊し切った民・百姓らは、厭世《えんせい》観も漂《ただよ》い至る所で苦悶し呻吟《しんぎん》していた、と思いやる（参考『新版　雑兵たちの戦場』）。

そのような世の様相とは、真に、末法の世の阿鼻叫喚地獄《あびきょうかんじごく》であり生き地獄であった、といえよう。

③渇望《かつぼう》する「泰平の世」の到来

こんな社会を憂えながら悲嘆に暮れる碩学《せきがく》の士や僧といった有識者など（政道国家とか衆生《しゅじょう》済度《さいど》などを探究する人たち）は、一刻も早く、こうした乱世、戦国の世を終焉《しゅうえん》させ、民・百姓ら皆々が安穏、安楽に暮せるという「泰平《たいへい》の世」の到来を渇望した。

取り分け京都五山《ござん》、鎌倉五山などの禅宗有識僧らは、そういったあるべき姿「泰平の世」や、その具現への道筋などを究《きわ》め説き明かさんと、仏教や古代中国史書などに、その哲理、真理を求めていったのである。

さような動きが日増しに高まっていくにつれ、戦乱のない平和で豊かな社会「泰平の世」を何としても具現させねばならないといった〝うねり〟が、至る所で蠢《うごめ》き勃興していた、と言っても過言ではなかろう。

④禅僧らの活躍

だがそういうことを単に論じ究めていくだけでは、世の中は何も変わらない。

そこで当時の最高学問である仏典や古代中国史書を読み漁《あさ》り討究し尽し、精神論、兵法論、為政論、国家論などを身に着けた禅僧らは、将来の天下人となる為政者を育てようと、若き偉才を求め日本国中に雄飛して行ったのである。

殊《こと》に算用高いと言われる京都妙心寺で修行した禅僧の雪斎《せっさい》、快川《かいせん》、沢彦《たくげん》は、それぞれ今川義元、武田信玄、織田信長に取り入っては、「勧善懲悪」を旨とした国家政道としての国家論、為政論、あるいは紛争解決に供する戦術兵法論などを教導し指南した、と伝えられている（参考『戦国武将を育てた禅僧たち』）。

2. 尾張の状況

それでは、ここで尾張五七万石に目を向けて見よう。信長が生まれる直前の尾張の国は、八郡《こおり》でもって構成されている。その尾張を支配している守護大名は、斯波義統《しばよしむね》である。しかし守護大名とは名ばかりで、実態的には斯波氏を支えている守護代二名が、その尾張国の半々を支配し統治していた。

その上《かみ》の四郡（丹羽、羽栗、中島、春日井）を支配するのは、岩倉城の織田伊勢守信安であり、下《しも》の四郡（海東、海西、愛知、知多）を支配するのは、清洲《きよす》城の織田大和守達勝である。そして斯波氏は、清洲で達勝によって守られていた。

①織田信秀

ところで後者の守護代・織田達勝も、家老と三人の奉行《ぶぎょう》に補佐されていた。

その三人の奉行の一人が、信長の父・織田備後守信秀《のぶひで》（一五一〇〜四九年）である。信秀の官職名は、弾正忠《だんじょうのじょう》という。

弾正の役割とは、元は京都市中の取締りや官人の綱紀粛正を司《つかさど》るものであったが、「検非違使《けびいし》」制度の導入によって、その役割は形骸化され、したがって朝廷は、朝廷に貢献した地方の人物に与えるばら蒔き的な官職にしたといわれている（尚、信長も、信秀の死後、こうした役割を重視したのか、その官職名を継承し、上洛後も弾正忠・信長と名乗った）。

この信秀は、勝幡《しょばた》（繁栄する港町・津島を押さえる地）から那古野（現、名古屋。元は駿河・今川の城）、末森、古渡と居城を構え、弟らと合力しながら、さらに両方の守護代の兵を束ね、尾張の敵である駿河・今川義元や三河・松平広忠（家康の父）とは三河辺りで、また美濃・斎藤道三とはその国境辺りで戦うなど尾張の実力者となっていた。

尚、奉行の信秀は城持ちといってもその地を支配するというより外敵に備えた砦を守る役割的なものであったから、正確には守護代・達勝の知行（年貢）で生計していたと思うが、しかし津島などを押さえていたから、財力は抜きん出ていた、と考える。

＊『多聞院日記』…信秀の財力、御所の築地修理費を献上――

一五四三年二月一四日、内裏の四面の築地の蓋《かぶせ》を、尾張の織田の弾正という者、修理して進上申すべし由申す。はや料足四千貫計上したと云々、事実においては、不思議の大営歟《か》（その修理の申し出は大金に見合うほどの大仕事なのか？）。

②織田信長の誕生

かような戦乱・乱世の下で、信長は生まれた。その誕生は、一五三四年五月二八日（参考『池田家履歴略記』。新暦…七月一九日）、父・信秀は二五歳、母は土田政久女（土田御前。生没年不詳）であり、幼名を吉法師《きつぼうし》（以下、信長）と名乗った。

信長は、幼年ながら那古野城主（城代？）となり、この信長を四人の家老（林通勝、平手政秀、青山与三右衛門、内藤勝介）が支えた。家老の中で、信長の傅役《もりやく》となったのが政秀である。

信長は、三歳まで何人もの乳母《うば》に育てられた。その理由は、信長が気に入らない乳母には、何時《いつ》も乳母の乳首を思い切り噛《か》んでしまうので、その都度、乳母が逃げてしまったからである。最後に池田恒興《つねおき》（一五三六〜八四年）を産んだ母親（養徳院。？〜一六〇九年）が乳母になったところ、この乳母が大変気に入ったのか、信長は乳母の乳首を噛むこともなくなったという（参考『池田家履歴略記』）。

そうした信長の手に負えない性格などを察してか、末森城にいる生母・土田御前は、物分りが良く行儀も良い信長の弟・信行を手許《てもと》において可愛がった。そして後には、「信秀の後継に信行を！」と生母は主張し、信長の廃嫡《はいちゃく》に動いた。

3. 信長の幼年教育

那古野城で傅役らに育てられていた信長は、物心が付いた頃から、読み書きなどを習う為に、真言宗（密教）・天王坊という津島神社（津島牛頭《ごず》天王社）傘下の寺へ毎日通った（参考『信長公記』。尚、天王坊の所在など、今日、一切、不詳）。

①観察鋭い天王坊の住持

腕白で悪たれを振る舞う信長の、しかし非凡な智力や利発で奇才といった天賦の才能を見抜いたのは、天王坊の住持（住職）であった。住持は、信長の為政者としての将来に、大いに期待したが、同時に心配もした。

と言うのは、秀でた者が頭角を現してくれば、「出る杭は打たれる」が如く、親、兄弟、家臣、一族などから生命が狙われるのは、世の常であったからだ。

②信長保身の為の〝うつけ〟（馬鹿者）

そうであれば幼い信長の身に何かが起っては、それこそ大変である。そこで天王坊の住持は、信長の生命が狙われないようにする為に、殊更〝うつけ〟を演じさせた。さらに人の上に立つには、人一倍体を鍛え武芸を磨き、かつ万民の生活を具《つぶさ》に知るよう諭《さと》した。だから、住持は次なることを信長に守らせた。

a．外では、はっきりと〝うつけ〟なる振る舞いをせよ（即ち、人はこんな馬鹿者を斬っても刀錆《さび》となるだけだから、結局、生命まで狙わない、と考えた）。

b．寺では、「勧善懲悪」なる分別を心得、その上で物事の真理や「世の為、人の為」になることを学び論ぜよ。

c．馬術に長じては、領内隅々を駆け巡り、領民の生活状況などを知れ。

d．体を鍛える為に、近隣の悪童たちを集めて鷹狩りや水練をやり、戦闘模擬訓練にも励み、鳥や魚などの獲物を捕っては堪え忍んでいく強靭《きょうじん》な体力、持久力、生活力などを高めよ。

e．弓術、鉄砲、兵法に練達する為に、それぞれ市川大介、橋本一巴、平田三位を師範として付けるので、彼らから武芸や戦術論などを学び会得せよ（この頃、信長一二〜一四歳？）。

※鉄砲と信長――

この時期の疑問とは、「信長に早くも鉄砲を教える師範がいた」（参考『信長公記』）ということだ。一五四三年、信長一〇歳の時に種子島へ伝わってきた鉄砲は、その翌年には、橘屋又三郎によって堺へ、また杉坊某公によって紀州の根来衆へ持ち込まれたのである（参考『鉄砲記』）。そして後に、根来衆や雑賀衆《さいがしゅう》がその鉄砲を武器として戦場で使ったのだ。すると、こうした情報を逸早《いちはや》く入手し得たのは、全国を行脚《あんぎゃ》する修行僧とか連繋し情報交換する寺《じ》僧《そう》らからではなかったか。

殺傷力のある鉄砲の話を聞いた天王坊の住持は、戦乱の世を鎮《しず》める武器が鉄砲に代わるのではないかと閃《ひらめ》き、僧らの人的ネットワークを通じて、急ぎ鉄砲に詳しい者（橋本一巴）を那古野へ呼んできた、と推察する。何故なら、戦場での鉄砲有用性などを武士が理解し始めたのは、かなり後々になってからのことだ。

だから信長に鉄砲の師範を付けたのは、家臣（武士）らの頭にもない先見する住持の勘、閃きであった、と認識するものである。

③為政論などを教える適任者

天王坊の住持は、毎日、通って来る信長に仏法の秘奥《ひおう》を教えるとともに、事例を引き「勧善懲悪」の分別なるものも問答した。しかしながら当時の最高の学問である中国史書にいう国家の政道や安寧をもたらす為政論、国家論等の話に及んでくると、そういった知識に住持は乏《とぼ》しかった。そこで住持は、信長をさらに教育しようと、人的ネットワークなどに頼って、然るべき為政論、国家論等に通じている人物を探した。

その最適任者の候補に上がってきたのが、五山文学の流れを受けるものの、けだし学問に片寄る京都五山と一線を画す京都妙心寺派総本山妙心寺の第一座（寺僧千人もいると言われた中での筆頭＝秀才？）という要職を二二歳頃に務めた沢彦《たくげん》（？～一五八七年）という人物であった。「泰平の世」なる社会を何としても早く構築したいと念じていた中国通の沢彦は、文武両道に秀でた信長の話を聞くに及んで、居ても立ってもおられなかったのか若くしてその第一座を辞し、尾張へやって来た（参考『沢彦』）。

④信長の名付け親は、沢彦

名僧・沢彦が信長の父・信秀と接したのは、信長が元服《げんぷく》する前である。時に一五四六年、信秀が、嫡男・三郎一三歳での元服に際して命名する実名に悩み、知育、徳育などの薫陶《くんとう》を受け始めた沢彦に相談した。沢彦は「信長二字に返しは桑を意味し、日本の扶桑《ふそう》という上吉なり。信長の武勇は日本の主人にも成らせ給うことも有るべきか……」、と書に認め信秀に返答した。

これに喜んだ信秀は、即座に「織田三郎信長」と命名した（参考『政秀寺古記』）。

⑤天王坊の住持、禅僧・沢彦などからの教育

名付け親である沢彦に、信長が多岐に亘って薫陶を受けたことは言うまでもない。

こうして信長は、荒行を重んずる密教の極意者・天王坊の住持から「勧善懲悪」を要目として身を守りながら乱世を生き抜く精神論や、三人の師範からその乱世を鎮めていく実践戦術論を、さらには古代中国の政道国家思想などに秀でた沢彦から、民・百姓を慈しんだ「為

政論」「国家論」などを学んだ次第である。

⑥沢彦、政秀寺の住持となる

ところで信長の傅役として信長を見守り育ててきた家老・平手政秀は、信長が一五四九年三月三日に亡くなった父・信秀葬儀で抹香を祭壇に投げ付けるなど、これまで城主としての有るまじき数々の振る舞いに対し、粘り強く何度も改めるよう諭してきた。だが一向に信長の〝うつけ〟なる振る舞いが直らないことを悔やみ、信秀葬儀の後に、政秀は「今まで盛り立ててきた甲斐もなく、存命していても致し方ない」と言っては諫死した。

信長は、自分が何故〝うつけ〟を振る舞うかを政秀に語っていなかったのだ。このことを悔やんで悲しむ信長は、そこでこれまでの政秀の信長への尽力に称揚を惜しむことなく、この政秀の死を悼《いた》み、その政秀を弔《とむら》う為に、沢彦を開山開祖として「政秀寺」を建立したという（参考『政秀寺古記』）。

二章　真相解明「信長の七不思議」

その一、信長と濃姫の結婚とは

⇩

信長の後ろ楯を道三に求める!?

通説では、これまで争ってきた美濃と尾張の和睦の為に、美濃の戦国大名・斎藤道三の家臣・堀田道空と尾張守護代の奉行である織田信秀の子・信長の家老・平手政秀が一計を講じて、道三の一人娘・濃姫を信長に嫁《とつ》がせたという（濃姫は長女とか次女の説もあり。また本名は帰蝶?）。あるいは、道三が将来、尾張を我が物とする為に一人娘を嫁がせた、といった話もある。

しかし当時の戦国大名は、自国の安泰や勢力拡大の為に政略結婚に執心し、例えば本章その二、ii、2.の※欄に示す北条、武田、今川の連婚による強固な三国同盟といった関係を築き、そしてそうした関係を最大限に利していったと聞き及ぶ。

そうだとすれば、戦国大名の道三が、大名でもない、単に尾張・守護代の奉行の子という、あまりにも力の差、家格の違いがあることに加え、〝大うつけ〟と指弾されている信長を、自国にとっては何の利もない、しかも愛《いと》おしい一人娘の幸せを願って「敵国の陪臣《ばいしん》の子・信長を娘婿《むこ》に……」と選ぶだろうか。まして両国は、犬猿の仲であり、しかも交戦中だ。するとこうした実現性の乏しい、それとも有り得ないと思しき出来事を、右記の如くに平気で論じる通説では説明が付かないのである。ならば、道三から見て、道三が何処《どこ》の馬の骨とも判らない信長を、「婿に」と選んだよほどの説得力のある理由がなければならない。

そこで、道三が雲泥の差もある家柄の信長を「婿に」と選んだことに大いに疑念を抱いたことから、本書はこれを「信長の七不思議」の一つとして掲げた。

i、二人が結婚した経緯

さて、信長の父・織田信秀が率いる尾張軍と斎藤道三率いる美濃軍は、一五四七年九月三日～一一月二〇日まで激しく戦ったのである。この戦いの後に、信長の身を深く案じた天王坊の住持の以下のような水面下での動きがあった、と推察する。

1．信長に必要な後ろ楯…ウルトラ工作

然るに、信長が日頃から学んでいる武術や戦術・智略などを活かして「世の為、人の為」にと世に打って出て行こうとすれば、必然と敵も多くなり、したがって信長の身を守るには、強力な後ろ楯が必要なのであった。中でも〝うつけ〟を振る舞うこの信長には、四面楚歌の如く信長を廃嫡させようとする家族、一族、家臣も多い。

そこでその為に大きく発想を変えた天王坊の住持は、下剋上で一国を乗っ取り近隣諸国に豪勇無双だと言われ、加えて「蝮《まむし》」と怖れられている尾張の宿敵・美濃五四万石の斎藤道三（一四九四～一五五六年。参考『国盗り物語』）を、信長の後ろ楯にと狙いを定めた。

その理由は、あまりにも手強い美濃・斎藤道三が信長の後ろ楯になっていると知れば、誰も信長に手を出さなくなる、と考えたからである。但し、この場合、尾張（信秀や守護代ら）と美濃（道三）の和睦が前提であることは言うに及ばない。

①美濃・常在寺への画策

そこで天王坊の住持は、道三が菩提寺として祭儀を執り行っている日蓮宗京都妙覚寺派の美濃・常在寺の住持（日運上人？）を通じて道三へ話を繋いでもらおうと考え、種々のルートを使って、その常在寺の住持へ積極的に働き掛けたのである。

そのやり方とは、美濃・常在寺の住持の許《もと》に、「文武に長けた尾張の織田信長は、名僧・沢彦も認めるほどに仁慈を以って天下を治めるに相応《ふさわ》しい力量を持った逸材《いつざい》」「美濃の道三殿が、その信長の後ろ楯となれば、天下に敵《かな》う者はいない」「すれば美濃と尾張は安泰……」といった情報が次々入るように仕組んだのだ。それも確かな筋からである。

そうした敵方の話を何度も知り合いから聞く常在寺の住持は、これは単なる噂でないと認識し、その話を当事者の道三に打ち明けた。

②道三の信長身辺調査

常在寺の住持から会う度にこのような話を聞く道三は、最初は如何《いかが》わしい冗談だと思い一笑に付していた。だが道三は、気になり密偵を尾張へ走らせ、信長の所作などを見届けさせたのである。そして美濃へ帰ってきた密偵から、次のような内容の話を、道三は聞いた。

「信長という若僧は、〝うつけ〟で毎日悪童たちを集め野山を駆け回って戦争ごっこばかりをしている始末で、城主としての才徳や器量などがないどうしようもない男です。よって、那古野城下での彼の評判は散々です。人々は、異口同音、その内、何処かで野垂《のた》れ死にでもするであろう、と言っております。

ただ……、気になることがあります。

それは、毎日通う天王坊で幾人もの僧侶らが信長と問答しているのを小耳に挟みました。内容はよく判りませんでしたが、どうも難しい仏教に絡《から》んだ話のようだったと思います……。ですが、信長が話し終わると、僧侶らは膝《ひざ》を打って『なるほど！』とか頭を掻《か》いて『参った、参った！』、と言っておりました」

以上のような話を聞き終わった道三は、「信長という男は、この戦乱の世をしっかり生き抜いていこうと、外で巧妙に〝うつけ〟なる振る舞いをしている」と見破った。だが道三は、「今、美濃は尾張と戦っているのだ。しかも信長はその戦っている張本人・信秀の小倅《こせがれ》なのだ。こんな状況下で、手の平を返して信長への後ろ楯など、現実的にできる筈もない」と考え、常在寺の住持の話に嫌悪の情を抱いたのであった。

しかし道三の脳裏から、信長の名が消えることはなかった。何時の間にか、ついと、他国から流れて美濃へ来て、そして下剋上で這《は》い上がってこの美濃を乗っ取った道三自身と、身分は低いが尾張の陪臣の子が力強く逞《たくま》しく這い上がって、そう遠くない将来、尾張を支配するかも知れない信長の姿とを、道三は重ね合わせてもいた。

こうして道三は、いずれ戦うであろう信長という若僧に興味を持った次第である。

2．道三、信長の後ろ楯となる

①美濃への縁組提案

そうこうする内、天王坊の住持から縁故を頼って美濃・常在寺の住持宛に、丁重《ていちょう》な挨拶を述べた後「この際、両国の為にも、戦いを止め、誼《よしみ》を結んではどうか」、といった書状があった。すると民が多大な犠牲を被《こうむ》っていることを悲しむ常在寺の住持は、「常々、道三殿も平穏を望まれており、よって異存はない」と認《したた》め返書した。

これを受けた天王坊の住持は、そこで次のような内容の書状を認めた。

「誼を結ぶには、結婚が良いと考える。ついては誠に厚かましいが、道三殿一人娘の濃姫と信秀嫡男・信長との結婚を、道三殿へ進言してもらえまいか。道三殿の斎藤

家とは家格も大いに劣り分不相応でありますが、しかし将来を見込んでの話として、
ご承知賜《たまわ》りますれば幸甚……」

この書状を見た常在寺の住持は、時を移さず、道三に美濃と尾張の和平を説くとともに、それには斎藤家と織田家が姻戚になることが最良か……、との考えを披瀝《ひれき》した。そして、少し間を置いてから濃姫と信長の結婚を匂わせたのである。

住持の尾張からの提案である「和平」の話にとくと頷《うなず》いていた道三ではあったが、尾張・守護大名とか実力ある守護代の子息ではなく、その守護代の陪臣の子・信長が濃姫の婿になると聞いた途端、大変な驚きを顕わにした。

常在寺の住持は、道三のこの驚きから、両家の家格があまりにも違うことに道三が「美濃を舐《な》めるな！」と激怒したと察し、目を閉じ黙ってしまった道三の意見を聞くこともなく、そそこに城を後にした。

②信長の結婚と尾張・美濃の和平

先見し洞察の鋭い道三は、この弱肉強食の戦乱の世を生き抜かんとする術《すべ》を身に着けた才略ある信長なら、「将来、充分やっていける」と確信していた。だが「その信長が濃姫の婿

になる」という、予想もしなかった突然の話に心底驚いたのである。

とはいっても、人を見る目に狂いがないと評判の天王坊の住持や名僧・沢彦が、太鼓判を捺《お》している話だ。その英邁で気骨ある信長を、将来、敵に回すと何か怖い面もあるが、婿となって逸早く隣国・尾張を制すれば、同盟国の美濃は自動的に安泰となる……。

そう信じて期待を大きく膨らませた道三は、家格や陪臣の子などといった世間体《てい》に構うことなく近い将来の実利を予覚した結果、そこで「信長を婿にするので、尾張から正式の縁組話を持って来い！」と言っては、使者を常在寺へ遣わしたのであった。常在寺の住持は、道三のこの決断の速さにも驚いたが、しかし道三がよくぞ「美濃と尾張の和平」の道を取り決められた、と安堵《あんど》した。

早速、常在寺の住持から、このことを天王坊の住持へ報せたことによって、信秀の名代として信長の家老・平手政秀が堀田道空を通じて美濃を訪問、万座が仰天する中で、道三に両家の縁組を口上した。この時（一五四八年）、信長は一五歳、濃姫も同い年ぐらいであった。

＊『信長公記』――

一五四八年秋の末になって、尾張と美濃の和平の合意ができた。そして平手政秀の立案（口上？）で、信長公を道三の婿として縁組が取り結ばれ、道三の息女（濃姫）を尾張へ呼び迎えられた。

＊『**絵本太閤記**』――

信長と濃姫の結婚は、一五四九年二月二四日。

③道三との面会…〝うつけ〟偽装の終止

ここまでに信長は、自分の身を確かに守ってくれる精鋭軍隊の育成に励んできた。その軍隊は、厳しく訓練を共にしたかっての悪童らを主体に、槍、弓、鉄砲などで近代武装した二千人もの逞しい陣容になっていた。

ところで道三の周辺では、「婿の信長は大阿呆《あほう》者でござる」と口を揃えて悪く言うのを聞くにつれ、道三は「そのように人々が申す時には、決して阿呆ではなかろうよ」、と何度も信長を庇《かば》った。だが道三は、その真偽を確かめたくなった。

そこで道三は、一五四九年四月下旬、信長に対し、「美濃と尾張の国境《くにざかい》にある正徳寺で婿となった信長殿に会って話がしたい」旨を申し入れた。信長は躊躇《ためら》うことなく、この道三の申し入れに快諾した（参考『信長公記』）。

面会の当日、信長は、この近代武装した精鋭軍を率いて正徳寺へ赴いたのである。道三は、堂々とした信長軍の隊列の素晴らしさ、武器の多さに度肝《どぎも》を抜かれた。また面会時の正装した信長の凛々《りり》しい武将の姿を目の当りにして（参考『信長公記』）、道三は「やはり、自分が思い描いていた若僧と寸分も違わなかった」「一人娘・濃姫の婿に、信長を選んだ自分の目に狂《くる》いはなかった」と、胸中はっきり確信した。

そして別れ際《ぎわ》、道三は信長に対して「婿殿、道三は、必要とあらば、何時でも美濃から援軍を繰り出そうでの。今川への固め十分に力を注ぎなされ」と言ったそうである（参考『下天は夢か』）。

信長と別れた道三は、けだし信長の非凡な才智に慄《おのの》きもした。そして「誠に無念なことである。この道三の子たちが、あのたわけの門外に馬を繋《つな》ぐ（家来となる意）ことは間違いないだろう」と、道三は嘆息しつつ家臣・猪子兵介に漏《も》らした（参考『信長公記』。猪子兵介は後に信長の家臣となる）。

かようにして、道三という力強い後ろ楯を得た信長は、身を保全する為に振る舞っていたこれまでの〝うつけ〟なる偽装《ぎそう》も必要なくなったことから、この面会を機に、そうした〝うつけ〟なる偽装を終止した。この時、信長一六歳。

＊『信長公記』…正徳寺で、信長の振る舞いを見た道三・家臣の発言――

さては、この頃の（信長の）阿呆振りは、わざとお作りになったのであるか。

ⅱ、結論「真相解明」

この二人の結婚とは、単なる結婚ではないのである。常に生命が狙われている才気煥発《かんぱつ》な信長を守ろうとする天王坊の住持が、発想を転換した、それは大胆極まりないウルトラ案（工作）なのであった。即ち、信長の身を守るに相応しい人物は尾張におらず、よって敵ではあるが美濃の戦国大名・斎藤道三を信長の後ろ楯とする為に、両国の和平話、信長と濃姫の結婚話を持ち出したのである。

そうとは知らず、猜疑心も強いと言われた「蝮」の道三は、然るに家格は劣るが信長をはっきりと意識し、「敵の子ながら戦国の世を生き抜いていく信長の才覚を認め、また近い将来、信長が尾張の雄となって美濃の為にも大きな存在（同盟国）になる」とその実利を予覚したからこそ、家臣ら皆も驚く中で、一人娘・濃姫の婿に信長を選んだわけである。

したがって、これまで信長の廃嫡を公然と主張していた家族、一族などは、信長の結婚によって道三を意識せざるを得ず、結果、表立った動きもなくなったと考える。

そして、一五五四年正月、信長が尾張にある今川の村木砦を攻めた時、信長留守の那古野城を道三軍は整然と警護したし（参考『信長公記』）、さらに一五五五年一一月、道三が嫡男・義竜と争った時、心に適《かな》った信長へ「美濃は婿の信長に譲り与える」と遺言し（参考『土岐累代記』）、信長も道三支援に美濃へ出陣するなど、二人は意が通じ合う太い絆で結ばれていたと思慮するものである。

本書は、若き信長の身を守る為に天王坊の住持の奇想天外なウルトラ案を展開した結果、信長の後ろ楯に最強の道三を得ることができた、と結論付けた次第である。

その二、「桶狭間の戦い」とは

⇩

謙信が関東を制圧する為の「前哨戦」!?

通説に言う「桶狭間の戦い」とは、「今川義元が四万人強の大軍を率いて、上洛する途中、あるいは将来上洛する時の為に、先ず邪魔な尾張を討伐しておこうと尾張へ攻め入ったのだ。この今川軍を迎え撃つ信長は二千人の軍兵を率い、そして奇襲攻撃によってその義元を討ち取ったという奇跡的で歴史的な戦いなのであった」と認識されている。しかし、当時の状況から見て多くの疑念がある。それは、次の通り。

・前年に信長は尾張を統一し、三万人ほどの軍兵を擁する歴《れっき》とした戦国大名となっている。その証拠に、信長家臣の中で、離脱したり今川へ寝返った者はいない。

・戦いが始まる前、信長は、尾張にある今川の二つの出城（鳴海、大高）に五つの砦を築いて封鎖し兵糧攻めにしている（いわゆる喧嘩を売ったのではないか?）。

・当時は旧暦五月、梅雨期である。人は道もぬかるんで歩けず河も増水で渡れない。武士は半士半農で田植えに忙しい。よって戦争など「出来ない」「しない」というのが常識だ。それでも義元が尾張へ出陣せざるを得なかったのは、上洛とは関係のない右記に言う二つの出城の救済といった已むに已まれぬ理由があったからではないか……。

これらの事実などを見ても、信長が義元に戦いを仕掛けた（宣戦布告した）ということが窺《うかが》えるのだ。すると通説に言う内容など、何一つ正しいものはない。それより信長が何ゆえに義元に宣戦布告をしたのか、である。

さりとて、この義元は、北条、武田と鉄輪の三国同盟を築いている。そうであれば、謎は「信長が結束した三国同盟軍を相手に勝ち目もない宣戦布告をした」というのだろうか。本書は、この戦いを仕掛けた理由を求めた。だが通常であれば、戦国大名になって間もない信長には尾張の体制固めが急務ではないかと考えると、よけいにその仕掛けた理由が判らない。

ところで、関東に大きな動きがあることに、本書は気付いた。その動きの張本人である越後の上杉謙信を調べていく中で、誠に驚くべきは、上杉家の書『上杉家御年譜』に、この「桶狭間の戦い」が理解に苦しむほどに何故か克明に記述されている。その上、関東の動きと桶狭間の戦いの両方に今川が絡《から》んでいることを想念すると、桶狭間の戦いは、関東の動きと何か関係しているのではないか、と推考した次第である。

そこで多々疑念あるこの戦いを、本書は「信長の七不思議」の一つとして掲げ、謙信や関東の動きを見据えながら、その戦いを仕掛けた理由などを求めていくこととした。

i、信長と謙信の接点

1．信長、尾張の統一と上洛

信長は、一五五五年四月、尾張・下四郡を支配する清洲の守護代・織田信友（達勝の嫡男）を討ち取り（参照「本章その七、i、1．の①」）、一五五九年正月、尾張・上四郡を支配する岩倉の守護代・織田信安も討ち破って、尾張八郡五七万石を支配する戦国大名となった。翌二月、このことを幕府に伝えようと、信長は五百名の家臣を率い、大和、堺を経て上洛した。

＊『言継卿記』…信長の上洛の様子――

一五五九年二月二日、尾州織田信長上洛云々、五百計《ばかり》云々、異形者多云々。

2. 謙信の上洛

この二ヶ月後の一五五九年四月、将来、天下を治めるのに最も相応《ふさわ》しい名将だ、と噂されている越後四一万石の上杉謙信（当時の名は長尾景虎。一五三〇～七八年）が五千人の軍を率いて上洛した（参照「図1」）。

翌五月、謙信が参内《さんだい》し天皇に拝謁した、との話を聞いた信長は、早速、謙信に使者を遣わし、進物を贈呈、書状をもって謙信の参内を賀祝したのである。謙信は、機転が利く殊勝《しゅしょう》な信長を認識するとともに、当然のことながら、お礼の返書を認《したた》めた。これが信長と謙信の最初の接点であり、一五七七年の手取川の戦いまで、誼《よしみ》を通じていくわけである。

＊『上杉家御年譜』――

織田信長よりも岩成主税介《ちからのすけ》、荒木摂津守を使節として進物を贈り参内を賀祝せらる（但し、使節の名は間違い？）。

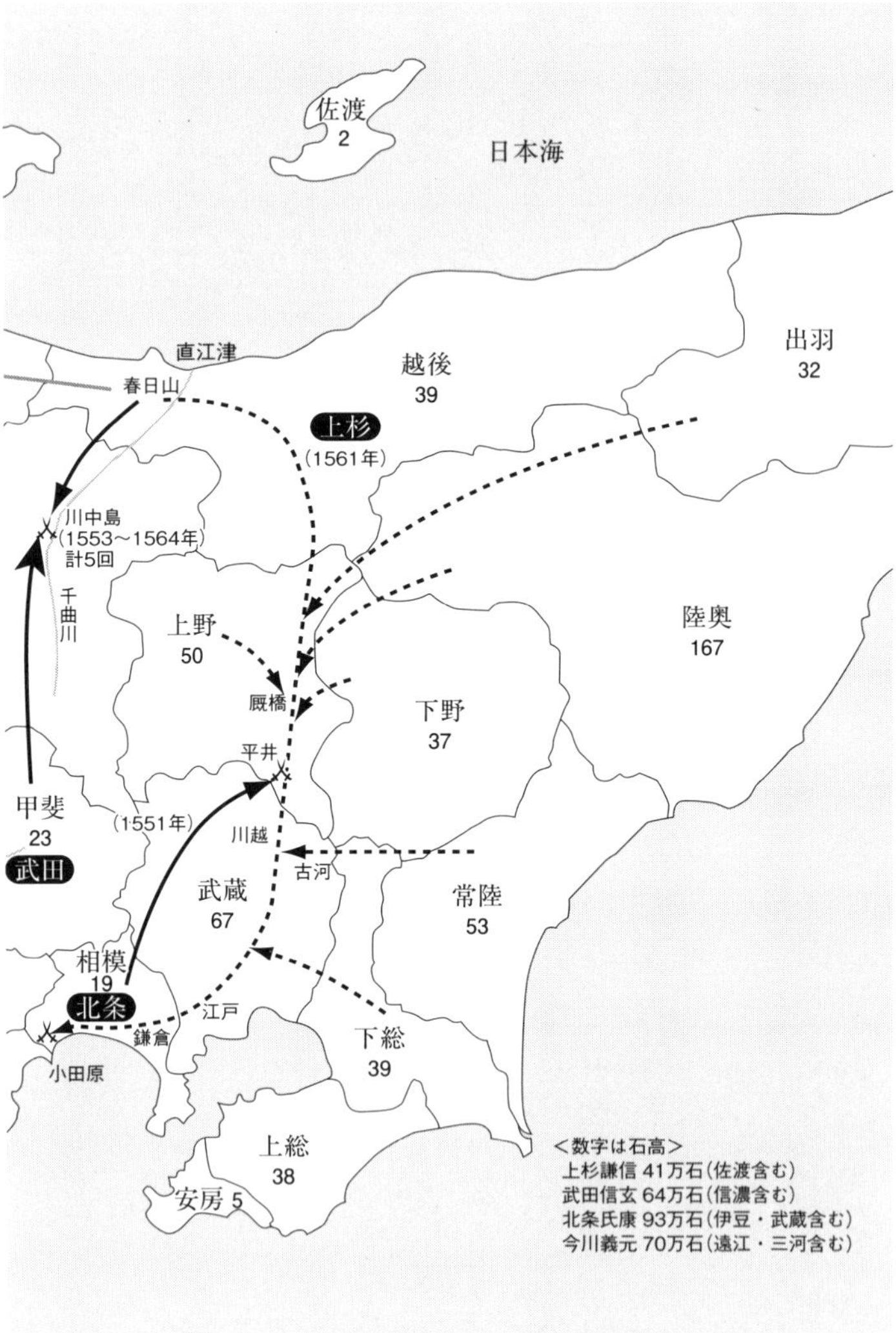
佐渡
2
日本海
直江津
春日山
越後
39
出羽
32
上杉
(1561年)
川中島
(1553～1564年)
計5回
千曲川
上野
50
厩橋
陸奥
167
下野
37
平井
甲斐
23
武田
(1551年)
川越
古河
武蔵
67
常陸
53
相模
19
北条
江戸
鎌倉
小田原
下総
39
上総
38
安房 5
<数字は石高>
上杉謙信 41万石(佐渡含む)
武田信玄 64万石(信濃含む)
北条氏康 93万石(伊豆・武蔵含む)
今川義元 70万石(遠江・三河含む)

図 1…

謙信の上洛や小田原攻撃当時の「中日本概図」

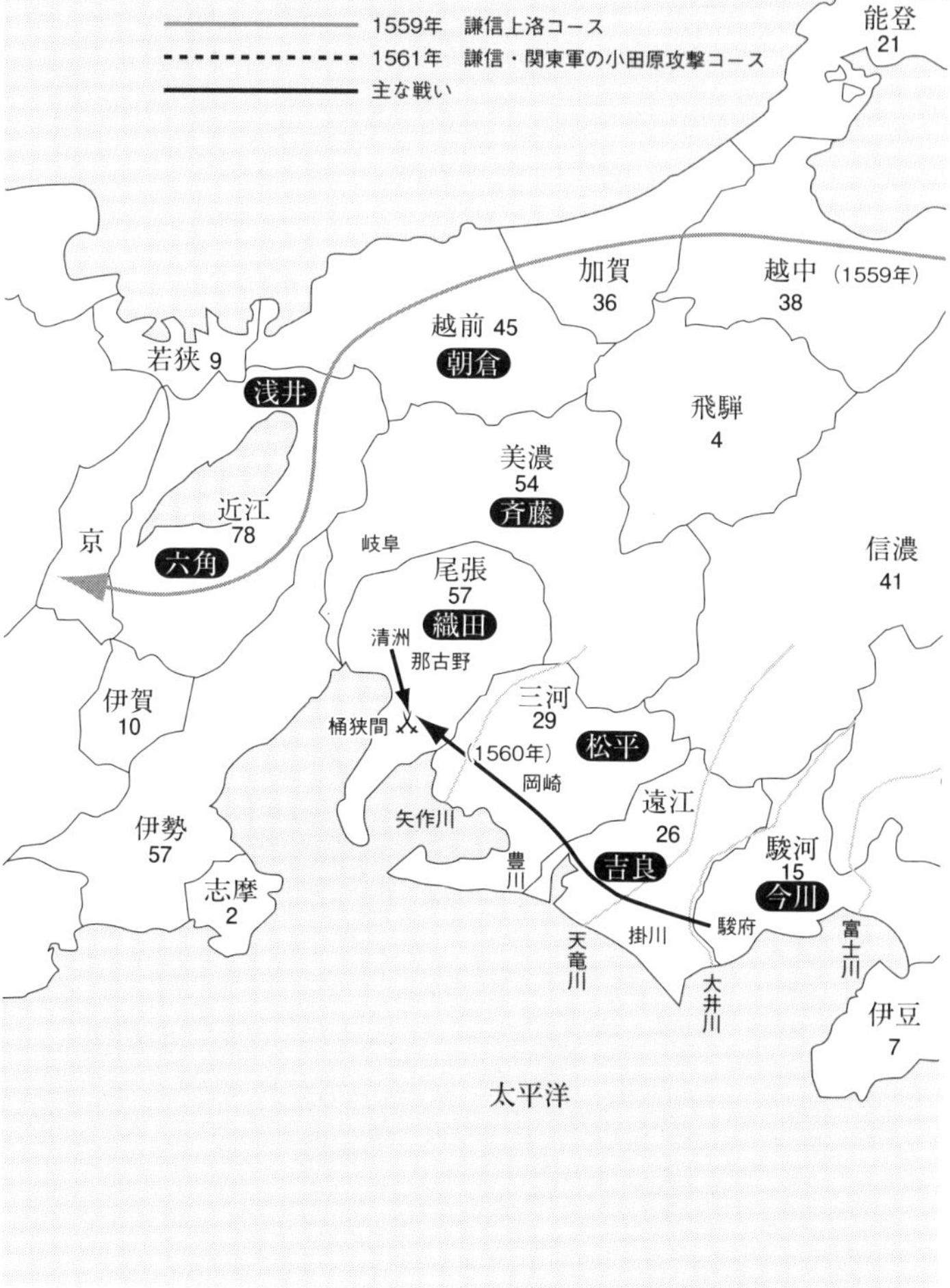

ⅱ、謙信の関東制圧策

1．北条氏康打倒の工作

謙信が上洛した表向きの発表は、関東管領・上杉憲政から謙信への「上杉家の家督継承と関東管領職の譲渡」を、将軍から承認かつ任命してもらうことであった。その経緯と、しかしそこに秘された真の狙いとは、次の通り。

それは、一五五一年、関東管領・上杉憲政は上野《こうずけ》（現・群馬県）・平井で北条氏康（一五一五〜七一年）に敗北し（参照「図1」）、その翌年、越後の謙信に支援を求めた。その支援の代償として、憲政は謙信に足利の名門・上杉家の家督を継承する、さらに謙信に関東管領職をも譲渡する、と誓約した（参考『上杉家御年譜』）。

さりとて、このいずれも一三代将軍・足利義輝の承認と任命がなければならない。そこで謙信は、これらのことを世に知らしめす為にも、先ずは上洛し将軍の承認などを得るべく謁見したのである。

だが、そこに大きな問題が隠されている。つまり謙信にとっては、関東管領を拝したとて、実質的に関東を支配することなどできないのである。それは相模・小田原に居城を構える北条氏康が、南関東（武蔵など）へ勢力を伸ばしてそのほとんどを支配し、さらには東・北関東の覇権《はけん》さえ握ろうと関東を荒らし回っていたからだ。

そうであれば、謙信が関東管領に就任しても実権もなく、それは名ばかりで形式的であり、名誉や権勢、秩序、しきたりなどを重んずる謙信にとっては、実に不愉快で忌々《いまいま》しく腹立たしいかぎりを覚えるのであった。

だからと言って、謙信だけで百戦練磨の強豪・北条と戦っても勝ち目などはない。それ故に、謙信は熟思した。だったら、北条に痛め付けられている関東の諸大名らを一手に束ねて北条を討ち倒そうではないか、と。しかし、それには大義が必要だ。

そこで上洛し、関東静謐《せいひつ》（平和）を願う将軍に、関東を戦乱の渦に巻き込んでいる北条氏康の悪逆、非道なる振る舞いを直訴することによって、謙信は、上杉憲政の仇であり、ひいては足利幕府に敵対する北条を征伐せんが為の大義名分「将軍誓書《せいしょ》」を貰い受けようと工作したのが、今回の上洛の真の狙い（目的）でもあった。

そしてそう直訴した結果、将軍から「北条を成敗せよ」との「将軍誓書」を謙信は賜ったのである。これによって、将軍名代として関東諸大名らを束ね関東軍を組成して北条を征伐できるようになった謙信は、即ち上洛の真の目的を達した。

＊『小田原北条記』…「将軍誓書」――

早く氏康を成敗し、古河殿（古河に居住し北条氏康の庇護《ひご》を受けている関東公方《くぼう》・足利義氏のこと）を追放して、関東を鎮めよ。

尚、将軍から謙信に対する上杉家の家督継承承認は、この上洛時の一五五九年六月であり（同時に将軍・義輝から一字を貰い上杉輝虎と改姓改名した。因みに謙信とは、一五七〇年に出家した時の号）、関東管領職の任命は、一五六一年一二月であった。

2. 関東軍と三国同盟軍の戦力分析

それでも謙信には気懸りなことがあった。それは北条と戦えば、北条と姻戚関係にある武田と今川（いわゆる三国同盟）が積極的に北条へ加勢して来るのではないか。そうなると謙信率いる関東軍が、常勝・氏康率いる三国同盟軍と戦っても勝つ見込みがあるのかどうか、である。

※今川の軍師・雪斎が画した連婚によって築いた三国同盟（一五五三～五四年）――

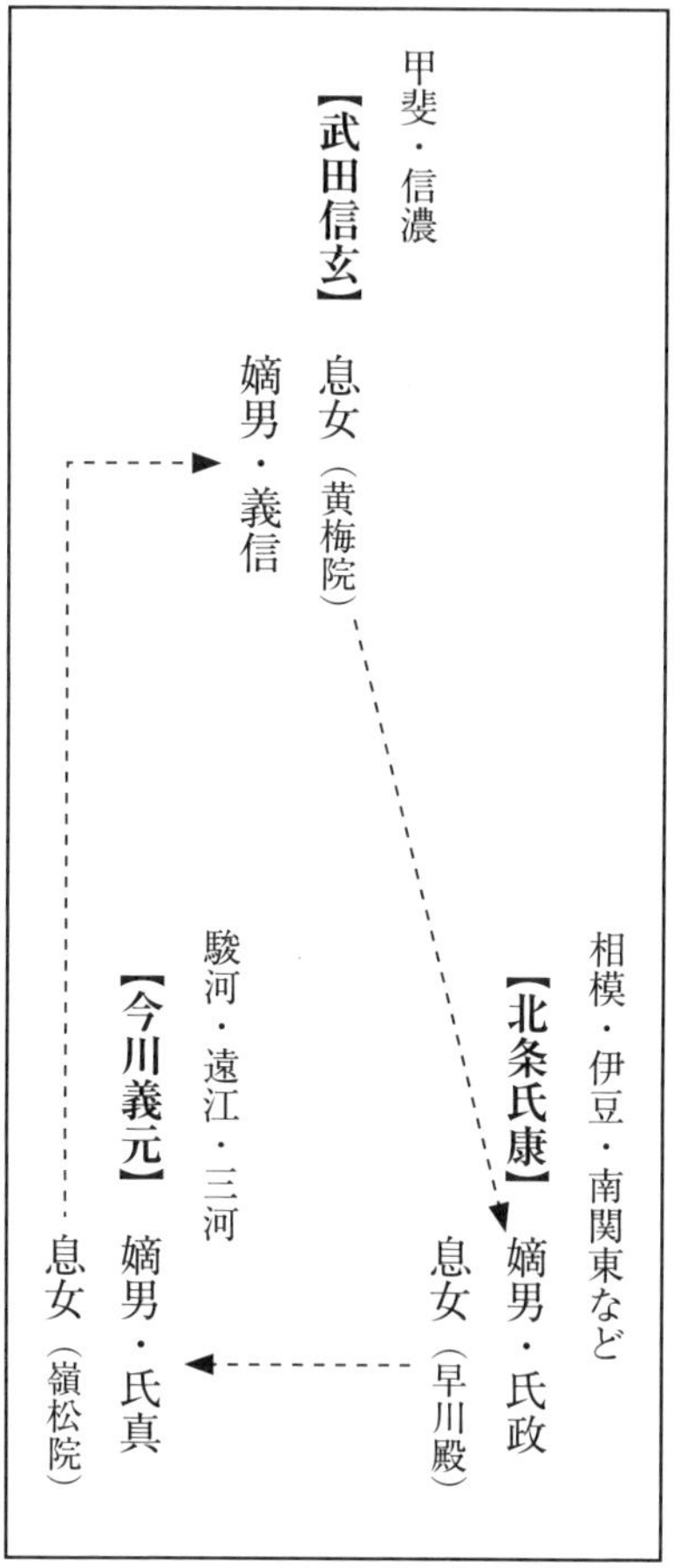

謙信は、先ずそれぞれの軍勢を推算した。敵の軍勢とは、北条九三万石（一説には二百万石とも）は五万人以上、武田六四万石は三万人、今川七〇万石は五万人以上の計一三万人以上、と見る。片や攻める謙信の関東軍は、謙信の遠征軍二万人、大義で集まって来る関東諸大名

らは一〇万人ほどの計一二万人前後、と見る。

すると軍勢は、ほゞ同じ規模であり、戦いは互角《ごかく》となろうか。

だが互角だと言っても、関東軍はそれぞれ近隣諸将の利害も絡み合った寄せ集め軍団だ。姻戚で一枚岩の三国同盟軍とは、機動力も団結力も格段の差が生じよう。そうであれば、謙信率いる関東軍が北条を主力とする手強《てごわ》い三国同盟軍と戦っても勝てる確証はあまりないし、逆に勝ち目などほとんどないのではないか……、と謙信はその関東軍の劣勢を予覚した。そして謙信は、その対策に考え思いあぐねた。

3．三国同盟切り崩《くず》し策…謙信の画策

ならば北条を三国同盟から孤立させることだ、と思い立った謙信は、この三国同盟切り崩し（即ち、武田や今川が北条に協力できないようにする）策を次のように思い巡らせた。

①武田対策

信濃・川中島で戦う武田信玄（一五二一～七三年）とは、友誼を結ぶ将軍の計らい「命」によって和睦する案を考えた。和睦後に、もし信玄が表立って北条に加勢し謙信と戦うならば、

それは将軍命に背《そむ》くことになる。将軍命に背いたとなれば、それはそれこそ、大名として末代まで「国賊」といった汚名を被ろう。

尚、二人が川中島で戦った主な年は、一五五三、五五、五七、六一、六四年である。

②今川対策

戦ってもいない今川義元（一五一九～六〇年）とは、和睦のしようもない。だが北条を積極的に支援する義元を、このまま放置しておくわけにはいかない。そこで相模との国境近くに集結している今川の北条支援軍を、西へ移動させる方策を創案した。

つまり尾張にある今川の出城が絡んだ戦いとか尾張と三河の国境辺りで騒動が勃発すれば、義元はその鎮圧に軍を東から西へ動かさざるを得まい、と謙信は考えた。

4．信長への義挙要請

こうした案に基づいて、一五五九年の秋から年末にかけて、謙信は暗躍した。武田については、将軍に働き掛けた。一方、今川については、上洛時の五月に誼を通じた尾張の大名・織田信長を動かすこととし、謙信は家臣の直江大和守景綱を窓口にして、

「関東を荒らし回っている悪逆非道の北条氏康には、静謐を望む将軍も思い煩《わずら》っている。したがって北条を誅伐することは、大義（国家を思う将軍への忠誠）であり謙信がこの北条を誅伐する。だがそんな氏康に加担する今川義元も同罪であり、その義元を誅伐することは信長殿にお願い致したい。これも大義であり、これに義挙するは、武門の誉れ、末代までの高名……」

と掉尾《ちょうび》を揮《ふる》いながら信長に義挙することを強く働き掛けた。

ところでこの当時の尾張の情勢とは、信長が尾張を統一したといっても、尾張東部に偏在する今川勢（鳴海、大高、沓掛などの出城）の一掃は遅々として進んでいなかったのである。しかしながら直江を介して謙信の意を伺い知った信長は、

イ．この度の謙信情報では、「将軍誓書」を存知する義元は、北条支援の為に、駿河東部へ軍備を充実させており、西の三河周辺の守りは手薄となっている

ロ．尾張の今川勢を懲《こ》らしめ彼らを追放するにも、歴《れっき》とした大義がある

ハ．西で騒動が勃発しても、関東や信濃（川中島）では緊張状態が続いているから、今川

と同盟を結んでいる北条、武田の今川への加勢はない

ニ．今後、将軍や謙信らと、尚一層の親交が期待できる

等々を勘案、いずれ天下に号令するであろう謙信からの義挙要請は、尾張を完全に支配する絶好の機会であり、よって信長は謙信の要請に快諾した。

iii、桶狭間の戦い

1．今川義元への策略

さて信長が、今川義元を誅伐する為に義挙すると決めたものの、それでは如何にして義元を尾張へ誘《おび》き出して天罰を与えることができるか、である。

①誘き出す方策とその時期

信長のブレーン（信長、天王坊の住持、政秀寺の住持・沢彦、さらに祐筆やお馬回り衆、お小姓衆、坊主衆の中から集めた異才多彩な策士集団）は、この点に的を絞って肝胆《かんたん》を砕いた。そして得ら

れた秘策とは、次のような内容である。

即ち、尾張の今川拠点「鳴海城と大高城」を取り囲んで封鎖し兵糧攻めにすることで、その拠点救済に義元自らが出陣せざるを得ない状況を作る、というものであった。そして義元と雌雄を決する戦いの地は、敵にとって逃げ隠れし易いが足も取られる「桶狭間」が最適と考え、また戦う時期は、軍を動かすのも困難な梅雨《つゆ》期と見定めた。

＊『信長公記』…信長、五つの砦を築いた事実——

信長は、鳴海城から二〇町（二キロ強）離れて丹下…を砦に構え、そこから東に善照寺…要害の地であり、（南）中島…を砦にして、…鳴海・大高の間を絶つように砦を二つ（鷲津、丸根）作った。

＊『徳川実紀』…戦いの発端は、信長が築いた砦では!?

信長は、…鳴海近辺所々に砦を設け、兵を留め置くと聞く。今川義元、大いに怒りて、「さらば、（家康に対して?）吾より先を駆けて尾州を攻め取り、直ちに中国（尾張国の中央・清洲?）へ旗を立てん」と。

＊『信長公記』…桶狭間とは、逃げ隠れし易いが足も取られる地!?

桶狭間という所は、土地が低くいりくんで、深田に足を取られ、草木が高く低く茂って、この上もない難所であった。

梅雨期とは、どの国にあっても、自国の軍事、政治、経済などの財源となる米作りの為の田植え期であり、取り分け半士半農の武士にとっては、戦いなどに構っておれない大事な農繁期なのだ。

※梅雨期――

気象学的に言う梅雨期とは、旧暦では五月《さつき》を挟んだ時期の五月雨《さみだれ》が降る時を言い、新暦では六月六日頃～七月中旬を指す。

もしどうしても戦うというなら、農作業に「役立たない者」、あるいは「関係ない者」を集めざるを得まい。しかしこんな寄せ集めの軍隊は、烏合《うごう》の衆であり取るに足らない。

②事前の工作

こうして戦いのやり方や決行時期が決まると、それに照準を合わせる逆算した確かな布石を打っていくことが重要で、信長のブレーンはその布石を次のように考えた。

イ．一五六〇年初から、信長は張り巡らされている今川の密偵（スパイ）などを通じて義元の耳に届くように、「臆病《おくびょう》で腰抜けな信長」を演じては、「義元殿のご威光と采配を見ただけで、信長も尾張も震え上がって簡単に屈伏する」といった信長の弱気な話を、毎々吹聴《ふいちょう》する（参考『武功夜話』）。

ロ．次に、七〜八年前に今川に与《くみ》して今川の出城となった鳴海城および大高城を、一五六〇年四月中旬頃、今川の密偵にも判らないよう、密かに五つの砦《とりで》を築いて取り囲んでは完全に封鎖し兵糧《ひょうろう》攻めにする（参考『信長公記』）。

ハ．そうした上で、梅雨入り前の四月下旬に、信長は、兵糧に困窮する大高城主から義元宛に、次のような緊急救援要請の偽密書を送り付けることとする。

「信長が、あろうことか大高城と鳴海城を封鎖した。このことで大高城の兵糧は枯渇した。ついては、足場も悪いものの、至急、義元公直々の大援軍を差し向けて戴きたい。そして義元公のご采配とご威光によって、この際、逃げ腰の信長を完膚《かんぷ》なきまでやっつけ尾張を併呑《へいどん》して頂きたい」

かような突然の偽密書「救援要請」を受け取った義元は、吃驚《びっくり》するだろう。

だが臆病な信長の噂を常々耳にしている義元としては、味方の窮状を聞いたとて、「口ほどにもない信長だ。昔（一五三二年）、今川が築いた那古野城を信長の父・信秀に騙《だま》し取られ、また三河や尾張・村木砦にも信長らが乱入し、さらにこの度は鳴海と大高を兵糧攻めにしてくるなど、身のほど知らずめ。この際、信長を叩きのめして一気に尾張を攻め滅ぼそうぞ。これまでの遺恨や怨念を晴らそうぞ！」と息巻く筈だ。

そして北条支援軍を嫡男・氏真に任せ、義元は急拵《ごしら》えの軍団を陣頭指揮し、侮った尾張へ、数に任せて、遮二無二、攻め込んで来よう。

ところでこの信長の義挙が、将軍や謙信との共同戦線だと義元に知れると、義元も構えて用心してしまうだろう。だから、そうならないよう将軍や謙信の名は一切伏せ、飽《あ》くまでも〝うつけ〟で腰抜けな信長が見境もなく不用意に今川という「虎」の尾を踏んでしまった如くに、努めて振る舞うこととした。

③信長軍の配置とその役割

尾張の戦国大名となった信長には、三万人ほどの軍兵がいる（参考『桶狭間の戦い――景虎の画策と信長の策略――』）。信長のブレーンは、義元が清洲攻撃に加え鳴海と大高を救済する為に寄せ集めの大軍を率い尾張へ攻め入って来ると想定し、そこで信長軍を大きく次のような三つの部隊に分けて配備することとした。

イ．鳴海城と大高城を、各々取り囲んで封鎖してしまう前線部隊に、一万五千人強。
ロ．鎌倉街道を西進してくる今川軍を、大高道へ誘導する街道遊撃部隊に、一万人強。
ハ．義元親衛隊と雌雄を決する信長本隊に、二千人強。

そしてその三つの部隊の具体的な役割や戦術を、次のように定めた。

a．前線部隊は、鳴海城と大高城を兵糧攻めにする為に、一五六〇年四月中旬頃、五つの砦（丹下、善照寺、中島、鷲津、丸根）を築き、一切の通行を遮断する。但し、双方の城を取り囲み封鎖したからといっても、無闇に戦うものではない。

b．今川義元は、四月末頃に受け取った大高城からの緊急の偽密書「救援要請」で、その救援や尾張征伐の為に大軍を編成しよう。そして五月中旬頃、その大軍は、主要幹線である鎌倉街道（今で言う国道）を通って尾張へ押し寄せて来よう。

それには先ず、鳴海城と大高城を救援し救済する今川軍の第一陣は、沓掛で陣を整えて出陣し鎌倉街道を西進しよう。その一隊は鳴海へ、もう一隊は途中の二村山（または間米《まごめ》）で分岐する間道の大高道を通って大高へ、と雪崩《なだ》れ込もう。

そこで信長の街道遊撃部隊は、二村山の分岐点で鎌倉街道を遮蔽し、今川の第一陣全てを後ろから取り囲みながら一気に大高道へ誘導してしまうのだ。この第一陣の全部を誘導しないと、鳴海にも行けない敵の伝令が、後方の第二陣や義元本隊へ異状を知らせに走るからである。

この第一陣に一時《いっとき》ほど後れて沓掛を出陣する今川の第二陣は、那古野や清洲など尾張の中心部を制圧せんが為に鎌倉街道を勢いよく西進しよう。

信長の街道遊撃部隊は、右記の今川第一陣と同じ要領で、第二陣全部も通る筈のない大高道へ、速度を落すことなく一気に「どっと」誘導してしまうのである。

c. こうして今川の第一陣、第二陣を鳴海や清洲へ行けないようにしてから、鳴海城を取り囲んでいる信長の前線部隊の大半は、大高へ移動し大高城を封鎖している前線部隊と合体し、街道遊撃部隊に追っ駆けられ雪崩れ込んでくる今川軍全部を身動きの取れないよう、二つの砦（鷲津、丸根）を利用して包囲する。

d. 時に義元本隊を率いて沓掛を出陣する義元に対し、信長の意を受けた近郷村長らが祝い酒などを持って赴《おもむ》き、「今川先陣が随所で大活躍しているとお聞きしております」

（偽情報）などといった目出度い話を奏上する。これらを聞いて上機嫌となった義元は、皆で歓声を上げ意気揚々と鎌倉街道を西進しよう。

そう義元を安心させた上で信長の街道遊撃部隊は二隊に分かれ、その一隊は二村山までに激しいゲリラ攻撃を仕掛けて義元本隊を散々《ばらばら》にしてしまうのだ。今川の農兵らは恐怖で雲散するだろうし、残る義元を守る屈強な何百人かの義元親衛隊も、逃げ道を求めて右往左往するだろうから、もう一隊は、鎌倉街道を遮蔽し義元と義元親衛隊らを通る筈のない大高道へ誘導する。

e. 義元親衛隊らが大高道へ入ったと思しき時刻に、信長本隊は、義元親衛隊らが生い茂った藪に隠れて休息し易い絶好の地・桶狭間を、半ば取り囲んで待機する。そして疲れた義元親衛隊がそこへ逃げて来て身を隠し一服し始めたその時を狙って、信長本隊が無防備となった義元親衛隊へ一気に攻撃する。　以上。

2. 信長の仕掛けた策略に嵌った義元…参照「図2」

それでは実戦「桶狭間の戦い」について、その具体的な動きを考察してみたい。

①桶狭間の戦い（その1）…五月一八日までの出来事

義元の動きは、信長二七歳の密偵によって全て把握されている。四月下旬に届いた大高からの偽密書「救援要請」に義元らは大騒ぎした。しかし信長を侮《あなど》った義元は、田植えに用もない輩《やから》などを急ぎ集め、何とか一応の形を整えて軍隊とした。

この四万五千人（他に二万人、四万人の説あり。兵の構成は、途中から加わる遠江や三河の兵が主では？）もの軍を率いた義元は、大高と鳴海を救済し、かつ尾張を征伐する為に駿府を出陣した。出陣した日は、五月一〇日（新暦…六月一三日）である。

＊『織田信長文書の研究』…今川軍の陣容？

今川の兵力は約二万五千人だが、四万人と号した。そして先陣部隊は五月一五日頃から尾張に侵入した。その兵の内訳は、丸根砦攻撃隊…二千五百人、鷲津砦攻撃隊…二千人、援隊…三千人、清洲攻撃隊…五千人、義元本隊約五千人、鳴海城の守備七百人、沓掛城の守備…約千五百人、他。

②桶狭間の戦い（その2）…決戦前日の出来事

五月一八日、今川軍の第一陣五千人余が沓掛を出陣し、鎌倉街道を通って、一隊は鳴海へ、もう一隊は鎌倉街道の途中にある二村山から分岐する間道・大高道を通って大高へ、と予定通り威勢良く進撃を開始した。一時ほど後れて清洲などを攻撃する第二陣一万人ほども沓掛を出陣し清洲方面を目指して鎌倉街道を西進した。沓掛には、明日出陣する予定の義元本隊五千人余も着陣した（後発隊も沓掛近辺で続いている）。

信長の街道遊撃部隊は、鎌倉街道の大高道分岐点・二村山で鎌倉街道を遮蔽の上、今川第一陣全てを後ろから取り巻き大高道へ誘導した。鳴海への道を閉ざされた今川の鳴海救援部隊も大高界隈へ行かざるを得ず、その大高界隈では、鳴海からの応援も加わった信長の前線部隊（最終的には一万五千人弱）が待ち構えて包囲した。

後れて進発した今川の第二陣も第一陣と同じ要領で、鎌倉街道から大高道へ導かれ、さらに後ろを追っ駆けられて前線部隊の大高包囲網の中に入ってしまったのである。

大高界隈では今川軍（第一陣、第二陣）と信長の前線部隊が小競《こぜ》り合いを繰り返すものの、しかしながら砦と地の利がある前線部隊は窪地などに今川軍を押し込んで包囲し、攻撃と退却を繰り返しては戦うことなく今川軍を休ませず疲れさせた。

そんな信長の前線部隊を打ち破ることもできなかった今川の第一陣・徳川家康は、已むなく大高城へ夜を徹して兵糧を運び込んだのである（参考『信長公記』）。

＊家康方の書『三河物語』――

信長の軍兵は、（この大高界隈を見る限り）少なく見積もっても五千人はいる。

一方、信長のブレーンは、今川も密偵を放ち信長らの情報を収集していることなど承知しており、よって敵の密偵を欺《あざむ》く為に、無策を装った夜の軍議や評議など一部の重臣らと示し合わせながら、信長は苦境に陥った状況などを演出した。

＊『信長公記』…信長が装う無策振り!?

その夜のお話にも軍議に関することは全く出ず、いろいろ世間のご雑談ばかりで、「もう夜が更けたことでもあるから、みな帰宅せよ」とお暇を出された。家老衆は、「運勢が傾く時には日頃の知恵も曇るということがあるが、このような時を言うのであろう」と、信長公をあざ笑って皆々お帰りになった。

とはいえ義元の動向や足取りなどについては、信長の密偵から、逐一、報告されて来る。義元が四万五千人の大軍を率いて攻め込んで来たとしても、信長軍の守備態勢や攻め合いの段取り「戦術」は、敵に知られることなく作戦通りであり万全であった。

③桶狭間の戦い（その3）…決戦当日の出来事

五月一九日（新暦…六月二二日）の早朝、清洲城で、信長は後世の人々に語り継がれるかも知れないこの千載一遇の戦いに臨むにあたり、必勝を期して、力強く「敦盛」と小歌を謡い舞ってから（参照「本章その三、i、③の二.」）、熱田へ出陣した。熱田神宮には信長本隊二千人が集結していた。信長は、この信長本隊を率いて鳴海城を取り巻く三つの砦（丹下、善照寺、中島）を見回った（参考『信長公記』）。砦を守っていた前線部隊の多くは、昨日、大高へ応援に行っている。食糧もない鳴海城は、城から兵を出してまで信長本隊と戦う気力、体力などないし、また今川軍の支援もなかった。

二キロメートルほど離れた大高界隈からは、ワーワーと競《せ》り合っている声が風にも乗って聞えてくる。但し、その声は信長の前線部隊の声だけであって、昨日から包囲されている今川軍は、不眠不休で疲労困憊《こんぱい》していたのである（史書は、大高界隈での戦い「局地戦」の様子のみを記す。つまり鳴海界隈では、当然のことながら戦いなどなく、よって記しようもなかったと思い為す）。

この今川先陣（第一陣、第二陣）が大高界隈で包囲されていることも知らず五千人余の義元本隊を率い沓掛を出陣した義元に対し、近郷の村長らが祝い酒などを持って来た（参考『武功夜話』）。そして「今川軍が大高を制した」とか「今川軍が清洲で戦いを有利に展開している」といった祝賀奏上（偽情報）を次々聞く義元は、大満足し祝盃をあげ鎌倉街道を通って鳴海、熱田、那古野、清洲へと、一直線に堂々と軍を進めて行った。

ところが……、だ。信長の街道遊撃部隊が義元本隊の側面や後方部に波状的にゲリラ攻撃を激しく仕掛けて来たのだ。一見すると重厚な義元本隊ではあったが、しかしそれは、義元親衛隊三〇〇人を頼りとする数に任せた力のない寄せ集め烏合の集団なのであった。このあまりの恐怖で、義元本隊から逃避する農兵らは数知れず、結局、義元を守る義元親衛隊だけが残った。その上、鎌倉街道は遮蔽されていたことから、開いている一ヶ所・大高道へ義元親衛隊は逃げ込まざるを得なかったのである。


義元本隊が信長の街道遊撃部隊のゲリラ攻撃を受けて右往左往している、といった密偵の報告を聞く信長は、戦いの地・桶狭間を見下ろす桶狭間山の山陰に着陣した。途中、梅雨期の暴風雨に見舞われたことで（参考『信長公記』）、落伍《らくご》し離れ離れになって屯《たむろ》っている今川先陣らに知られることもなかった。

暫くして、身も隠れるこの桶狭間の笹などが生い茂った藪の中へ、義元を塗輿《ぬりこし》に乗せて担《かつ》ぐ義元親衛隊三〇〇人強が息急《せ》き切って雪崩れ込んで来た。午後二時頃だ（参考『信長公記』）。そして疲れ果てて重い鎧《よろい》などを脱ぎ水などを飲み始めたその時、信長本隊が無防備となったこの義元親衛隊に襲い掛かったのである。

①1559年初、信長は尾張を統一し戦国大名となる（57万石）。但し、左記黒塗りの城は、今川70万石の支配下。
②当時の主要街道は、鎌倉街道。大高道とは間道。
③史書が記す桶狭間とは、「草木が高く低く茂って、この上もない難所であった」と。
④左記の（地名）は、信長が事前に築いた五つの砦で、今川の城「鳴海」「大高」を取り囲み封鎖した。
⑤1560年5月19日（新暦…6月22日）に戦いが勃発した。だが、その戦いも二時間足らずで終わった。
⑥東海道とは、江戸時代に整備された道である。

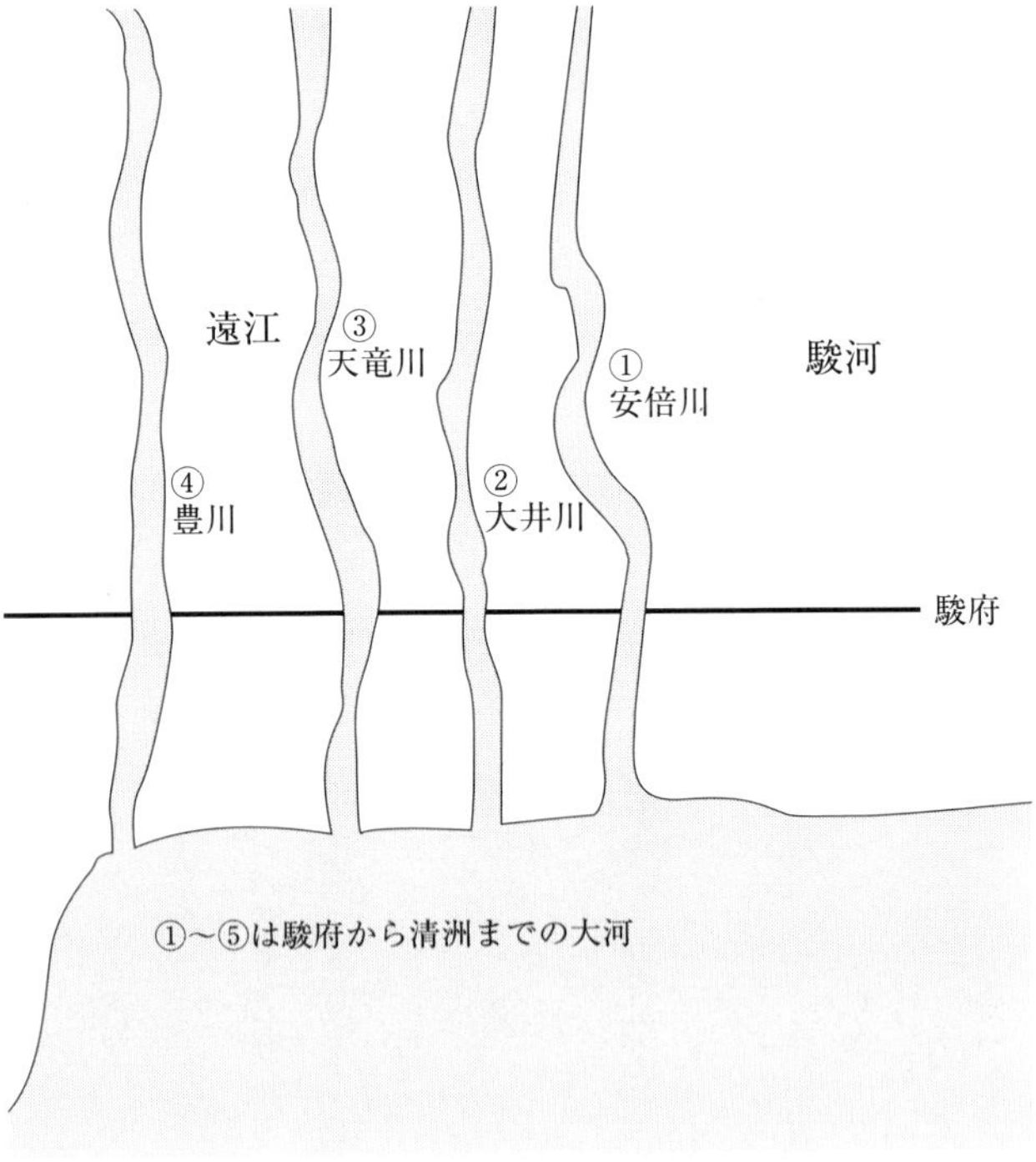

図 2…
「桶狭間の戦い」

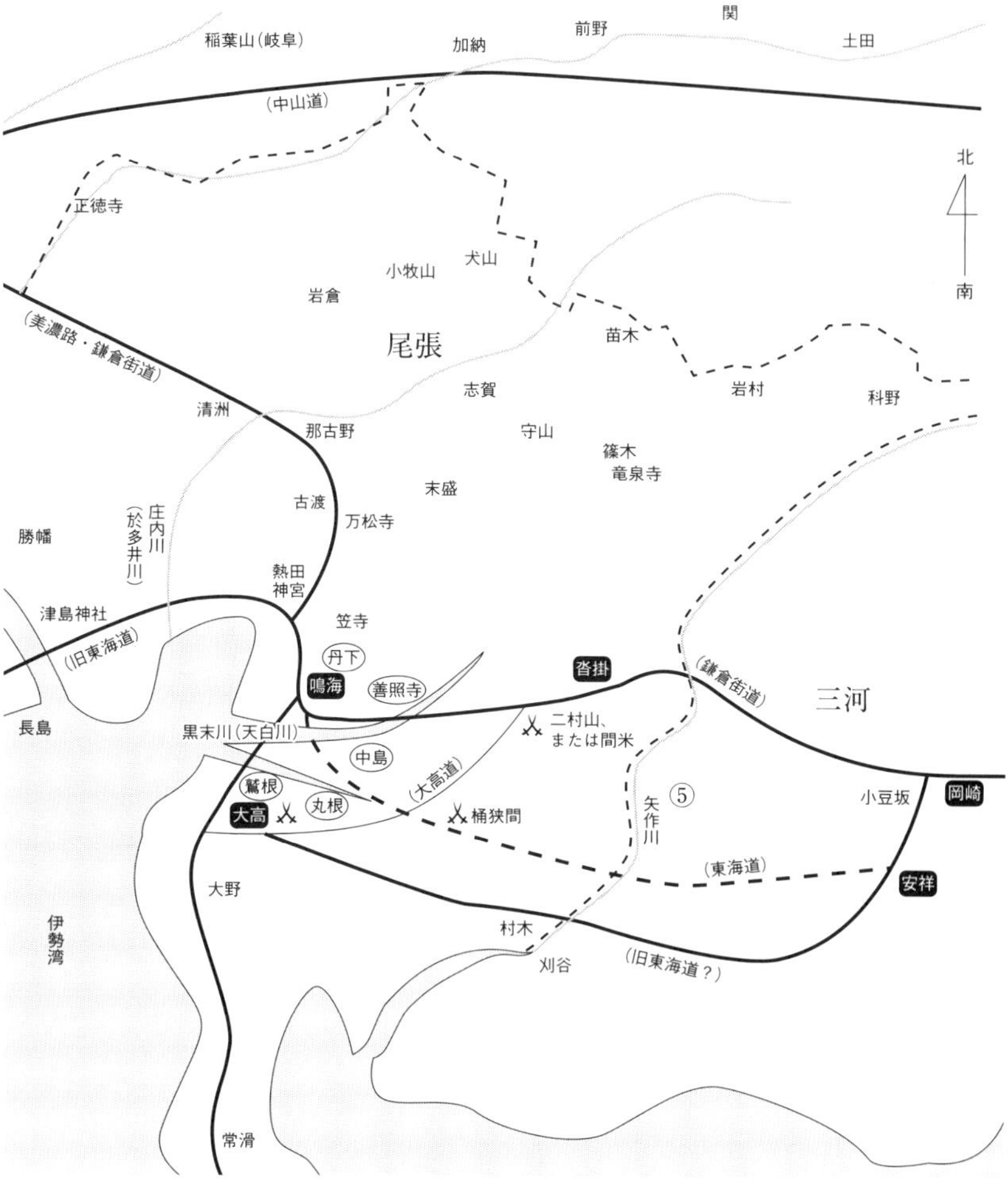
稲葉山(岐阜)
加納
前野
関
土田
(中山道)
北
南
正徳寺
小牧山
犬山
岩倉
(美濃路・鎌倉街道)
尾張
苗木
志賀
岩村
科野
清洲
那古野
守山
篠木
竜泉寺
末盛
古渡
万松寺
勝幡
庄内川(於多井川)
熱田神宮
津島神社
笠寺
(旧東海道)
丹下
鳴海
善照寺
沓掛
(鎌倉街道)
三河
長島
黒末川(天白川)
二村山、または間米
中島
(大高道)
鷲根
丸根
大高
桶狭間
矢作川
⑤
小豆坂
岡崎
(東海道)
安祥
大野
伊勢湾
村木
刈谷
(旧東海道?)
常滑

大国の御大将同士の戦いが、一、二時間で、それも「あっけなく」決着が付いてしまったのだ。義元は、信長の策略「勝つべくして企図された巧妙な罠《わな》」に嵌って、通る筈もない偏狭の地・桶狭間で味方の掩護《えんご》もなく簡単に信長に討ち取られ、しかも今川にとっては、尾張の全拠点を失ったわけだ。

信長は、この義元を討ち取った大金星「立身出世」で、一躍、名を世に高めるとともに、尾張を完全に掌握《しょうあく》した。

※『信長公記』の怪!?

右記の通り本論は、通説と見なされている『信長公記』の大筋をあまり採り入れていない。それは、その著者である太田牛一がこの桶狭間の戦いに参加せず、後に又聞きなどで記したが故に（参考『桶狭間の戦い――景虎の画策と信長の策略――』）、その戦いの背景や一部内容についての信憑性《しんぴょうせい》を疑ったからである。また超一級本ともいわれる『信長公記』には、本件も然り、信長歴史を左右させた謙信、信玄との緊迫した外交や戦争に関する内容の記述が、一切ないのも不可解なのである（参考『ドキュメンタリー織田信長』）。

3．安堵する謙信

こうして、謙信が北条を討伐し関東を制圧する為に画した前哨戦《ぜんしょうせん》（いわゆる「桶狭間の戦い」）によって、敗れた今川は、信長の来襲に備え東の北条支援軍を西の防備に回さざるを得ず、また「義元の討ち死に」という予期せぬ大戦果を聞く謙信は、欣喜雀躍《きんきじゃくやく》しつつ今川の北条支援力が大きく萎靡《いび》したことに安堵した。

＊武田家の書『甲陽軍鑑』…信長の智謀を記す——

義元が、四年前に信長と通じていると誤認して成敗してしまった戸部新左衛門（参照「本章その七、i、2．の①」）が健在であれば、そう簡単に義元が討ち取られることもなかったはずだが、いずれにしても、信長の智謀が深かったから、桶狭間の戦いは成功したのだ。

＊『上杉家御年譜』…間違いも少なくないが『信長公記』以上に戦いを詳述した怪!?

一五六〇年（永禄三年）五月下旬、上方所々通好（よしみを通じている）の面々より羽檄《うげき》（急を告げる羽根を付けた書簡）を飛ばせ、越府に告げ来る趣は、今川上総介義元、駿・遠・三の三ヶ国を押領し、兵勢い大にして武威を近国に振るい、名を関東に顕わす。又、尾州の守護職織田尾張守信長は、今川家と合敵なれば国境に砦を構え、今川勢を押さえんが為、伊勢・

美濃・近江の内を切り取りて手を延べ、後日は今川家を滅ぼさんと心腑《しんぷ》を苦しめけるに、この密謀《みつぼう》を義元聞きて安からず思いしかば、この上は急ぎ兵を催し信長を討ち滅ぼし、それより（その足で）京都に旗を立て、天下を掌《たなごころ》（掌中）に握らんと思いければ、先ず軍兵を尾州に遣わし、知多郡を打ち従え雄威国中に振るいしかば、頓《やが》て大軍を引率し尾州発向をぞ催しける。信長これを聞きて我小兵を以ってかの大敵は防がるまじとて、去る七日に、江州佐々六角入道承禎が方へ使者を遣わし、援勢を請う。承禎幸いとや思いけん。早速に同心して軍勢をぞ催しける。大将には前田右馬助《うまのすけ》、乾《いぬい》兵庫助に二三〇〇余騎を差し副えて、同じく九日近江を立ちて尾州へ向かいける（？）。義元はその勢都合四万五千余騎、五月一二日（？）駿府を打ち立ちて尾張国に発向す。

…（約三千字省略）…信長の家人服部小平太と云う者きっと見て、これぞ敵の大将ぞと思い、大身の鎗《やり》を持ち馳せかかり義元を突きたるに、義元も太刀を抜きて、小平太が持ちたる鎗の柄を太刀打ちより切り折りながら走り掛かり、小平太が膝《ひざ》口を大いに割り付けたれば、小平太即時に倒る。毛利新介すかさず来たりて、義元を突き伏して、終《つい》に首を取り信長に差し上げける。

…（約千四百字省略）…（これら）委曲《いきょく》（詳細）に（越後へ）告げ来たる。

ⅳ、謙信の小田原攻撃

さて、謙信が北条を攻めるにあたって、

イ．一五六〇年五月、北条支援の積極論者であった今川義元を信長が桶狭間の戦いで葬《ほうむ》り去ってくれたし、また信長の来襲を恐れた今川は北条支援兵力のほとんどを西（三河周辺）の防備に回した

ロ．その翌月の一五六〇年六月、左記＊欄の如く、将軍の調停によって武田信玄と謙信が和睦した

ことから、謙信としては鉄輪の三国同盟を切り崩して北条を孤立無援にしたわけである。したがって謙信は、「これで関東軍が孤軍・北条と戦っても勝てる」と専断した。

＊『上杉家御年譜』…謙信と信玄の和睦――

一五六〇年六月、将軍家より御内書（越後へ）来る。…これは、越・甲和睦の儀、信玄も

御請けしたので、将軍家より御内書を下さる。

①謙信、北条氏康征伐に出陣…参照「図1」

そこで謙信は、一五六〇年秋から関東に情報を流していたが、翌年初、上州（上野）へ赴き、関東静謐を願う将軍の「誓書」を掲げ、それを大義として「北条に天罰を！」と強調、北条に痛め付けられている関東諸大名らに義挙を促した。関東諸大名や豪族らは、これまで北条に奪われた領地などが取り戻せると狂喜し、次々と名将・上杉謙信の許に集結しては、声高に「北条打倒！」と宣して謙信に忠誠を誓った。

こうして謙信は、名高い関東の荒くれ七〇余の大名・豪族らを寄せ集めて編成した関東軍一一万五千人を意気揚々と率いて、一五六一年三月、北条氏康が籠城《ろうじょう》する相模・小田原城を取り囲んだのである（参考『上杉家御年譜』）。

②小田原攻撃の失敗…謙信の威信低下

しかしながら策もなかったからか、関東軍は難攻不落の小田原城を攻め倦《あぐ》み士気も衰え、さらに兵糧も尽きてきたことから、一ヶ月後の四月、小田原攻撃を諦《あきら》めてしまったのだ。にも拘らず謙信らの評議は、「これで北条は大人《おとな》しくなった。今後、関東で暴れ回ることもなかろう。したがって、所期の目的は達せられた」として、凱旋《がいせん》することにした（参考『上杉家御年譜』）。

この凱旋決定を聞く関東諸大名らは、とはいえ奪われた領地など何一つ北条から取り戻せたという実利、実感もなく、逆に遠征の出費だけが嵩《かさ》んだのである。よって彼らは、謙信に対して少なからずの失望感を覚えたのであった。

その上、全軍帰路の途中、鎌倉の鶴岡八幡宮で、謙信が戦勝に加え関東管領を拝受する体制も整ったことを報告している最中《さなか》、礼を失したとして、成田長泰を皆の前で罵倒《ばとう》し馬上から引き摺《ず》り落したのだ（参考『上杉家御年譜』）。

関東の諸大名や豪族らは、謙信の人間性などを慮って、「次にやられるのは、何一つ手柄も挙げられなかった我々かも……」と不安が高じ、一散に関東軍を離脱し帰国してしまったわけである。

③案の定、存在する謙信と信長のやり取り

孤立した二万人ほどの謙信軍は、逆に追手となった北条軍の追撃を受けたことから、這々《ほうほう》の体《てい》で越後へ帰国した（参考『小田原北条記』）。越後に帰国した謙信の重臣・直江景綱は、そういった内容や状況に触れることなく、「関東に出陣し北条氏康と戦い凱旋した」旨を、縁ある信長に書状した（記録があるのは信長だけである）。

信長は、「関東を平定され帰国されことは、誠に珍重《ちんちょう》（お目出度い）……」と、返書を認めたのであった（参考『上杉家御年譜』）。

V、結論「真相解明」

これまで、あまり話題に上がっていないが、戦いの主なる前提事実として、信長が尾張の戦国大名となっていること、信長が今川方の二城（鳴海城、大高城）を五つの砦で包囲・封鎖したこと、信長家臣の誰も逃亡したり今川に寝返っていないこと、また当時は梅雨期で多くの人手を必要とする田植え期であること、を忘れてはならないのである。取り分け梅雨期とは、仮に戦争しようとしても、道はぬかるんで兵も歩けないし兵糧を運ぶ荷車なども車輪が泥道にめり込んで動けない。その上、河は増水で渡れない（川止め）。そう考えると義元には、そうした危険を冒《おか》してまで尾張へ行かざるを得ない必死の理由があったということだ。

このような数々の事実などを直視し考慮するならば、信長が仕掛けた戦いであったことは、一目瞭然である。理由はともかく戦いを仕掛けるということは、「勝利の筋書き」があったればこそで、奇跡など有り得ないのである。

しかし戦いが起った理由の一つに、今でも「義元の上洛」説（参考『信長記』）が根強くある。この説について付言すると、右記にも言うよう梅雨期に上洛することは、進軍も大変な上に、仮に上洛しても泥まみれの汚い格好で京都市中を行軍するわけにもいかず、しかも三国同盟の結束を反故《ほご》にしてまで上洛するほど三国の仲が悪かったわけでもない。まして大義も見付からない「義元の上洛」は、やはり説明し難く、よって当てずっぽうの「義元の上洛」と談じられると、義元の本来の意図が見えなくなる。さらに『徳川実紀』にもある義元の怒りなどの情況認識さえ無視した義元上洛を美化する史書や歴史研究論者がいること自体、とんでもない過ちを犯していることに驚き入るところである。だが、それでも信長の戦いを仕掛けた理由が判らない。

そこで関東に目を転じた時、関東にとてつもない動きがあることを知った。それは越後・上杉謙信が関東管領を拝命するにしても、関東の半分ほどを支配する相模・北条氏康がいる限り、関東を実質支配することもできないということだ。それが為に、それならばと、謙信は北条を倒して関東を制圧し関東に君臨しようと目論んだ。

とはいえ北条は、武田、今川と鉄輪の三国同盟を結んでいる。そこで謙信は、この三国同盟を切り崩して北条を孤立させようと画策した。

その策とは、武田には将軍に働きかけて和睦すること、今川には尾張の信長に義挙を要請し、その鎮圧の為に今川の北条支援兵力を西へ分散移動させること、である。

その結果、将軍は武田へ「上杉と和睦するよう」にと使者を出したし、信長は謙信の義挙要請に応え策略を講じて「桶狭間の戦い」を引き起したのであった。

これが戦いの全貌であり、信長が戦いを仕掛けた背景であって、本書は、この背景に基づいてストーリー化し、ii、〜iv、の如くに謙信抜きにしては語れない本論を展開した。


以上の観点から、桶狭間の戦いとは、謙信が信長に今川誅伐の義挙の引き金を引き、信長はそれに応え、今川に戦いを仕掛けた、いわば謙信の関東を制圧する為の「前哨戦」なのであった、とその理由を知って本書の結論としたものである。


ところで謙信は、北条支援の為に東で軍備を充実している今川軍が、この戦いによって戦力を西へ分散移動し東の北条支援力が本当に弱まったのかどうか、が大変気懸かりなのであった。だから謙信は、桶狭間の戦いの一部始終を逸早く知ろうと、連日連夜、越後へ飛脚を走らせる体制を築いたわけだ。

したがって関係ないと思えた上杉家の家録『上杉家御年譜』だけが、義元の駿府出発から桶狭間の戦いが終るまで、その戦況などをiii、3. の＊欄『上杉家御年譜』の如く『信長公記』以上に事細かく記述しているのも、謙信の異常な関心の高さを裏付けている、と見取った次第である。

その三、「布武天下」とは

⇩

「撫育民姓国家」を実現する為の方策⁉

信長の代名詞だと言われる「天下布武」という字はない。当時の唯一の史書『政秀寺古記』には、「布武天下」とある。史書にない字を勝手に捏造《ねつぞう》することは、歴史を歪《ゆが》めるものと考える。またその解釈は、「武力でもって天下を統一する」ことだと一様に言われている。だが「布武天下」と名付けた中国通の沢彦や「武」の意を解説する古代中国の史書『春秋左氏伝』のことを慮ると、そうした解釈も間違っているのではないか、と疑念を抱いたことから、本書はこれを「信長の七不思議」の一つとして掲げた。

i、信長の使命

一五四九年、信長は近代武装した精鋭軍を育成し、かつ美濃の戦国大名・斎藤道三の力強い後ろ楯を得たことで、身の保全も確保できると判断した（参照「本章その一」）。それ故に、これでやっと自分の進むべき方向に邁進していける、と信長は考えたのである。その方向とは、これまで天王坊の住持や政秀寺の住持・沢彦から教わり学びもした時代の〝うねり〟、即ち人々が欣求《ごんぐ》して止まない「戦乱の世を逸早く終わらせて『泰平の世』なる社会を具現しよう！」という大きな動きに、身を挺《てい》して取り組んでいくことであった。

それには、道理に適った善行や善政などの積極推進（徳）、道理に背いた悪行や悪政などには天罰を与える（武）といった、いわゆる精確な「勧善懲悪」を実践していけば、自ずと、より良い社会が築かれていく、と見定めた。つまりそれは「武と徳」を合わせ持った「兵法論」「為政論」「国家論」を忠実に実践していくことである。

＊『信長記』――

信長は、自然に私心なく、理に暁《さと》く、賞罰正しうして人の邪正を弁《わきま》え、方寸虚明《ほうすんきょめい》（心中汚れなく）なるが故に、人の奉ること、東西南北より思ひて服せずと云うことなし。

＊『礼記』――

孔子対《こた》えて曰く、政（政治）とは正（正義、善行）なり。君、正しきを為せば、則《すなわ》ち百姓（国民）、その政（善政）に従ふ。

したがって信長は、この論理を真摯《しんし》に推し進めていけば、必ずや戦争のない民・百姓を慈《いつく》しんだ善政の国家社会が実現し、さらにそれが磐石《ばんじゃく》となれば、然る後、皆々が求めて止まない安穏で豊かな「泰平の世」が到来する、と信じた。

そこで信長としては、「先ず尾張から戦争を無くし、併せて民・百姓を慈しんだ為政（善政）を尾張の隅々まで浸透させていかねばならない」という課せられた喫緊の自分の役目、役割を明確に認識した。そして何時の間にか、尾張から全国へと、この役目、役割を果す為に、信長は弛《たゆ》むことなく怯《ひる》むことなく、戦乱の世を逸早く終息させていこうと腹を据えていったのである。

①「撫育民姓《ぶいくみんしょう》国家」の名付け

かような論理でもって世の王道を走り始めた信長のその行状を見た沢彦は、「信長が撫育民姓国家を治め給はん御心より外は別なし……」と論じた（参考『政秀寺古記』）。即ち信長の目指している国家とは、民・百姓を労《いた》わり慈しんで治めていくような国家であると沢彦は見て、それを「撫育民姓国家」という文言で形容した。

②使命…「撫育民姓国家」の実現

信長は、沢彦が形容したこの撫育民姓なる国家を熟思した。世間が渇望する「泰平の世」の到来という解釈は、あまりにも漠然であり抽象的過ぎるのだ。それ故にそうした具体的現実的な「泰平の世」の実現仕様としては、「沢彦の言う『撫育民姓国家』を築けば、自動的に『泰平の世』が到来する」と理解した方が、より判り易く、よって信長は「撫育民姓国家」の実現を自分の使命だと定め、その使命達成を心に刻んで発奮していくのであった。

＊孔子…使命について——

命《めい》を知らずんば、以て君子たる無きなり。

③意味深い「敦盛《あつもり》」と小歌…語り継がれる人間の崇高な務《つと》め!?

ところで一五五五年四月以降、清洲城主として、道普請や町家・商家割りなど清洲発展の為に為政の敏腕を振るっていた信長は（参考『武功夜話』）、ここで思い掛けない人物に出会った。その人物とは、清洲の町人・松井友閑《ゆうかん》である。

この友閑は、幸若舞《こうわかまい》の師匠として世に知られていたが、交渉や文筆力などにも長じていたことから、信長は祐筆（＝政務担当の文官）として登用した（参考『信長公記』）。そして信長は、時に友閑の幸若舞「平家物語」「義経記」「敦盛」などを聞く中で、取り分け、心に止まったものが、「敦盛」であった。

イ．「敦盛」

友閑が朗々と謡う「敦盛」の一部は次の通り。

「…我も人も憂き世にながらへて、かかる物憂き目にも、また（熊谷）直実やあはずらめ。思えば此の世は常の住みかにあらず。草葉に置く白露、水に宿る月よりなほあやし。金谷《きんこく》に花を詠じ、栄花は先立って無常の風に誘はるる。南《なん》楼《ろう》の月をもてあそぶ輩《ともがら》も、月に先立って有為《うい》の雲に隠れり。**人間五〇年、下天《げてん》（＝化天）の内をくらぶれば、夢幻《ゆめまぼろし》の如くなり。ひと度《たび》生を得て、滅せぬ者の**

有るべきか。是を菩薩の種《たね》と思ひ定めざらんば、口惜しかりし次第ぞと思い定め、…」（参考『幸若舞3　敦盛』）

信長は、その一節にある「人間五〇年、下天の内をくらぶれば、夢幻の如くなり。ひと度生を得て、滅せぬ者の有るべきか」（以下、この一節を「敦盛」と呼ぶ）とは、どういう意味なのか、と友閑に尋ねた。友閑は一息ついて次のように語った。

「人の一生はせいぜい五〇年、それも下天＝六欲天の第五にあたる化楽天＝においては、一日一夜にしか当らないのである（地上界の五〇年＝下天界の一日、あるいは人間の八百歳＝下天界の一日だともいう）。まことに夢幻の如き束の間の一生であることよ。そういう意味では、人間というものは、この世に生を受けても、直ぐに死んでいく儚《はかな》いものなのです」（参考『信長公記』）

ロ．小歌

また友閑は、信長に、詠《よ》み人知らずと言いながら次の小歌も披露した。

「死のふは一定《いちじょう》、しのび草には何をしよぞ、一定かたりをこすよの」

そして、この小歌の意味を友閑は次のように語った。

「死は必ず誰にも訪れるもの。生前を偲《しの》んでくれる便りとして、生のある間に、自分は何をしておこうか。後世の人は、それを縁《よすが》として、きっと、その思い出（自分の成し遂げた偉業や功績など）を語り起してくれるであろうよ」（参考『信長公記』）

ハ．後世に語り継がれる偉業とは……

友閑は、「これだけでは理解し難い」と言いつつ、その二つの謡を以下に纏めた。

「『敦盛』と小歌を一対として、それを前句と主句に見立てて解釈することが肝心なのです。つまり人間というものは、この世に生を受けても、あっという間に死を迎え、しかも直ぐに忘れ去られてしまうのです。

しかしそんな束の間の儚い一生であっても、後の世の人たちに、いつも自分のことを語り起してもらおうとするならば、何か立派な仕事（偉業や功績など）を、一つでも成し遂げておかなければならないのではないでしょうか。それが生命《いのち》ある人間の務《つと》めであり本懐なのではないかと考えます」

信長は金縛《かなしば》りにあった如く微動だにせず、友閑の一語一句に聞き入っていた。そして「自分がこの世に生まれてきて死ぬまでの僅《わず》かな間に、一体、何が出来るのか……、何が成し遂げられるのだろうか……」と反芻《はんすう》しながら瞑想した。

とはいえそれは、後世の人たちが絶えず語り起し話題にしてくれるような崇高な内容「偉業」でなければならないのである。そこで熟思する信長は、

「後世の人たちに、常々、自分のことを語り起してもらうには、自分は、人も成し得ない偉業を何としても成すことなのだ。そうした偉業とは、この乱れ切った『戦乱の世』『大乱の世』を『泰平の世』に成すことではないか……」。

そうであれば、こうした偉業を全《まっと》うするには、残された束の間のこの時を、何が何でも生き抜き困難に打ち勝っていくことが大事で、決して、いい加減な

生き方をして生命を粗末（無駄死に）にしてはならないのだ……」

と意を固め、「泰平の世」の具現に向かって一念発起していくのであった。

二．信長の美学

したがって信長は、死ぬまで、この二つの謡（「敦盛」と小歌）しか謡わなかったのである。だが何物にも興味を抱く信長にすれば、奇異な感もする。しかし信長は、この謡を謡っては、何事も怯《ひる》むことなく今を強く逞しく生きて、目の前に立ちはだかる難問を何としても解決せねば、この世に生を受けた価値がない、と考えた。

そして、この偉業成就に向かって必死になって専心没頭すれば、即ち人知を超えた独創的な活路が開けていくのだ、と信長は心の中で言い続けたのである。

＊『易経』――

窮《きゅう》すれば変じ、変ずれば通ず。

然るにこの謡は、「偉業成就まで、どんなことがあっても、生きねばならない、生き通さなければならないのだ……」と、生への執着心（「生への美学」）を明確に教えている。だから信長は、「生命を粗末にして何も為さないのは、もっての外！」と言い切る自分の「生き様《ざま》」として、事ある毎に、この二つの謡を謡いつつ、終生、「生への美学」や「使命感」を気丈《きじょう》に激しく感奮させていった由である。

※間違っているこれまでの信長美学――

信長伝記などで紹介する、信長が窮地に陥った時に口ずさみ謡ったのが、この「敦盛」だ。その理解は、人間の儚さ、つまり仏教に言う刹那《せつな》観を指す。だから識者らは、この口ずさむ時の信長の状況（例えば、印象深いのが桶狭間の戦いとか本能寺の変など）を鑑みて、畢竟《ひっきょう》、信長の「死に際の美学」「死生観」だ、と論断する。しかし同様に口ずさんだ「小歌」を重ね合わせれば、そんな悲壮的な「死生観」は何処にも見受けられず、それは右記二．に論じた「生への美学」となる。

よって本書は、「敦盛」だけでなく「小歌」も謡う信長の行状などを勘案、信長は生涯、「生への美学」を心に持ち続け意気発揚していった、と見定める。

それ故に偉業とは、「撫育民姓国家」を実現して「泰平の世」を迎えることであり、然らばそのような国家社会の実現を使命とする信長は、今、勧善懲悪を旨とした「世の為、人の為」の為政を真摯に執り行っていく（後にいう「布武天下」を成し遂げる）ことなのだ、と論理を整理しつつ信長思想の骨格を作り上げていった次第である。

ⅱ、「布武天下」の解釈

一五六七年八月、美濃を平定した信長は、何が何でも「泰平の世」を成さんと、その目は、しっかり天下統一に向けていた。

＊『政秀寺古記』…信長の連歌の発句《ほっく》――

「天が下　治めんが為に　美濃取りて」

時に、以前、沢彦が信長の目指す国造りを「撫育民姓国家」だと形容したものの、それがどんな国家であるとか、どのようなやり方で実現していくのかが、実際、信長にはピンと浮かんでこなかったのである。

そこで信長は、尾張、美濃を平定したこの時期、そうした国家を造っていく為の具体的な概念を形成しておく必要があると考えた。

1. 天下を統一していくに相応しい語…「岐阜」「布武天下」

信長は、自分の心を察している政秀寺の住持・沢彦と次のようなやり取りをした。

①「岐阜」…天下統一への起点となる地

信長は、「稲葉山城のある井口《いのくち》という地名は、諫死した平手政秀（この政秀を弔っているのが政秀寺である）が悪い名だと言ってもおったが、良き名がないか」と沢彦に聞くと、「それなら、岐山、岐陽、岐阜の中から選ばれたら」と沢彦は応えた。

信長はその中から岐阜を選び、「天下を望むにあたっては良き名ではないか」と語った。これを受けて沢彦は、「古代中国の文王、岐山に起って天下を定めたの古語あり。この語（謂《いわ》れ）をもって岐阜と名付ければ、天下もほどなく御手に入りましょうぞ……」と、その語の解釈などを説明した（参考『政秀寺古記』）。

その結果、信長が井口を天下統一への起点に相応しい名・岐阜と改名したことから、同地にある稲葉山城も岐阜城と改められた。

②「布武天下」…「七徳の武」の考えでもって天下を統一

次に信長は、「我、天下をも治めん時は朱印が必要だろう。ついては、朱印に良き字がないか」と沢彦に聞いた。だが沢彦は、信長が思い描いている治世の姿「撫育民姓国家の実現」を字句にするのは、あまりにも難しいと判じ、よってその要請を断わったのだ。しかし何度も信長の使いの者が催促してきたので、沢彦は、已むなく「布武天下」という字を書き付け、それを信長に進上した。これを受け取った信長は、「正《まさ》に自分が思っていた通りの字だ」と仰せられたのである（参考『政秀寺古記』）。

沢彦から「布武天下」という字を進上された時、使いの者から凡《およ》その意味を聞いていたが、信長は再度、沢彦に尋ねた。そこで沢彦は改めて以下の如くの話をした。

「『布武天下』とは、『天下に武を布《し》く』ですが、判り易くする為に、『武を布き詰めながら天下を統一する』と読みます。問題は『武』の解釈です。『武』とは、古代中国の史書『春秋左氏伝』の一節に『武に七徳あり』（＝『七徳の武』）と、その『武』の意や効用を説き明かしている箇所があります。その箇所とは、『夫武《それ武とは》、禁暴《暴を禁じ》、戢兵《兵をおさめ》、保大《大を保ち》、定功《功を定め》、安民《民を安じ》、和衆《衆を和らげ》、豊財者也《財を豊かにするものなり》…武有七徳《武に七徳有り》』です。

ところで、『武』の字体は矛《ほこ》を止める形であり、その意図は戦争を未然に防ぐ手立てとしての『国防』と『徳治』ではないかと思います。であれば『武』とは、

一．精強なる国防力で治安を維持すれば、自国内では暴動や内乱がなくなり
一．すると野蛮で覇心ある敵国でさえ、自国への侵略を諦めざるを得ず
一．その上、徳を施せば、大国であっても国の隅々まで政治が行き渡り
一．そうなると定められた法律などは、間違いなく遵守《じゅんしゅ》され
一．そして、国民も安全に守られていることによって
一．国民は、がつがつせず安心し心穏《おだ》やかになり
一．その結果、国民の財（生活財、資財、文化財など）も豊かになる

という一連の効果に繋がっていくわけで、これが『武に七徳あり』の意であり、即ち『国家の存続と繁栄』への手順を示すこの『七徳の武』の考えを知った者が天下を支配し天下を治めていくならば、国民は何の不安もなく末永く安全に守られ、しかも国家は存続し繁栄していくのだ、という内容です（一部、筆者の解釈）。

言い換えますと、『為政者とは、国家を保持する為の精強なる国防力（国防軍）を育

成して治安を維持し他国からの侵略をも抑止し、徳によって慈しむ治世（含む外交）を執り行えば、国民は安楽し、すれば自ずと国家は存続し繁栄していく』という、それは『為政の極意』を教示した内容であると考えます。

逆にこの極意を知らなければ、戦争もなくならず人も不安が募《つの》ってしまい、結局、それでは、国家・国民を守るに相応《ふさわ》しくない為政者となりましょう。

尚、『武』とは、我が国では［戦いの力］だと見なされて右記に言うようなそういった意に解されておらず、そこで混乱しないよう国家を保持する為の『国防』と仁政を施す『徳治』を合わせ持つ『武徳』と読み替えた方が判り易い、と考えます。すると『布武天下』の解釈とは、『武徳（七徳の武の考え）を布き詰めながら天下を統一する』ということになるわけです。

またこの『春秋左氏伝』（紀元前五世紀頃の書）とは、治国の形を礼の規範に照らして論じた書だと言われ、それは日本でも周知で、古くは京都五山の南禅寺で政道国家を論じた義堂周信（一三二五〜八八年。南禅位）が、第三代将軍・足利義満にその内容などを講義した（参考『義堂周信』）、と言い伝えられています」

※出典もない「天下布武」——

これまで信長の代名詞だ、と言われてきた「天下布武」なる語を記した当時の史書はない。しかし、そう認識されるものが、信長書状に押印された朱印であろう。この朱印を、右から読めば「天下布武」となるから、単にそう定義したのだろうか。但し、その朱印を左から読めば、『政秀寺古記』に記す「布武天下」となる。

（朱印）

布	天
武	下

唯一の史書で明記された「布武天下」を、先人らがその史書を無視して見た目で勝手に「天下布武」と定義したとすれば、それはそれこそ、歴史上、大問題である。したがって本書は、史書に基づいた正式名「布武天下」を使用しているものである。

ⅲ、「布武天下」の実践

1.「撫育民姓国家」を実現していく法

信長は、天王坊の住持から、戦争のない平和で安心して住める「泰平の世」なる社会を築かなければならない、と口喧《やかま》しく、常々言われてきた。だが「泰平の世」と聞いても、それはあまりにもばら色で漠然として抽象的なものなのであった。

そこで沢彦の話から、こうした世とは、沢彦が形容した民・百姓を労《いた》わり慈しむ国家「撫育民姓国家」を何としても具体的に実現することではないか、と結び付けてもいた。さりとて民・百姓を労わり慈しんで治めていくといったそのような国家とは、現実的・具体的にどうすれば実現できるのか、と思い悩んでいたのも事実であった。

それが今、沢彦から「布武天下」の主意である「七徳の武」の妙諦（国家の存続と繁栄への手順である「為政の極意」）を聞き、目から鱗《うろこ》が落ちるかのように、信長は自分が目指そうとしている政道国家「撫育民姓国家」の実現仕様が、やっと判ったのである。それは「撫育民姓国家」を実現しようとするならば、何としても「武徳」（七徳の武の考え）を布き詰めながら天下を統一する為政の方策「布武天下」を徹底的に実践し、それを完遂していかなければならない、という実理である。

言い換えれば、「布武天下」が完遂すると、そこには「撫育民姓国家」が樹立・実現し、それとともに自然と「泰平の世」が到来する、といった実理の手順を、信長は、ただひたすら素直に理解した。

かようにして信長は、沢彦から、国家論としての「撫育民姓国家」の実現や為政論としての「布武天下」なる実践法を、また天王坊の住持や三人の戦術師範から、勧善懲悪を旨とする「戦術兵法論」などを会得し具備したことで、天下を目指していくに相応しい体系立った論理が確立されていった次第である。

2. 有徳政治の推進

そこで信長は、そうした論理を推し進めて行くには、国家を保持する為の精強な「国防」策の展開はさて置き、その一方の「徳治」なる施策については、実のある内容を求めて打ち出していかねばならない、と判じた。

これを受けた信長のブレーンは、人々を苦しめている悪しき弊習とか体制や硬直した物の流れ（殊に流通そのものを阻害している事象）などを調べ、それぞれに対する最も実質的、効果的な施策などを考えたのである。

中でも急ぎ展開していかねばならない施策とは、人々を豊かにしていく「流通の自由化」、即ち流通改革であった。但し、これらは社会の情勢や動向に応じて、混乱を来さないよう段階的に実施していくことが肝要なのだ、と認識した。

①流通改革の為の「三つの施策」

イ.「楽市・楽座制度」の導入…一五六七年一〇月に実施

先ず、商人や職人などを保護して諸税を免除することによって、食糧や生活必需品などが各地から自由に集まって来る楽市・楽座制度（従来の改訂版）を導入する。

楽市制度を導入すれば、百姓、町民、商人らは市に集まり自由に売買や物々交換ができようし、特にこれまで虐《しいた》げられ搾取《さくしゅ》されてきた百姓らは、努力することによって、余剰農産物などを市で売って豊かさが得られていく、と考えた。

また楽座制度を導入すれば、これまで特定の業者は、強大な僧兵らの力を有する社寺などの絶対的な保護によって物品製造や販売を独占してきたが、今後そのような社寺などの保護を禁じ、誰でも自由に物品製造や販売に参入できれば、油、綿、塩、干魚、鍋、材木、紙などの生活必需品が世に安価で大量に出回る、と考えた。

＊一五六七年一〇月、加納市場での楽市の「制札」——

a. 加納市場に移り住む者は、信長領地内を自由に通行させる。
b. 借金、借米、借地料、他の諸税負担は一切免除する。
c. 織田家譜代の臣といえども、制札に反して商人に圧迫を加えてはならない。
d. 権力にものを言わせての売買行為、狼藉《ろうぜき》、喧嘩《けんか》、口論、不法な用件の使者を市場に入れ、宿をとらせて横暴を働かせてはいけない。

e．商人が恐れる徳政は行わない。

f．百姓が自分の作った農作物を担《かつ》いできて売っても良い。

＊安土での楽市令（参考）――

一五七七年六月、信長は、安土発展の為に、安土山下《さんげ》町に楽市令を発布した。

ロ．「関所」の撤廃、「関銭」の廃止…一五六八年一〇月に実施

次に、流通の弊害となっている関所および関銭は撤廃、廃止する。

関所は、不審者《ふしんしゃ》らの領内侵入を防止している利点もある。だが領主や豪族らがその通行料（関銭）を収入源としたことから、それが高じて左記＊欄の如くに関所が乱立したのだ。その結果、関所そのものが人の動きや物の流れを妨《さまた》げてしまったことから、それは、流通拡大への悪しき弊害となったのである。

だからといって性急にこの施策を実行すると、領主や豪族らの反発も予想されるので、楽市などの進捗状況を見ながら的確に実行していく必要がある、と考えた。

＊『戦国大名マニュアル』…関所の乱立――

伊勢の桑名では、四里半（一八㌖）の間に関所が六〇ヶ所、京都から大坂への淀川流域では、関所が三八〇ヶ所もあったという。

八．「撰銭令《えりぜにれい》」の発布…一五六九年三月に実施

その次は、売買の決済において、米ではなく必ず貨幣でもって行うこととする。

当時の貨幣は、まがい物など悪銭も多く信用できないから、したがって商品売買は、確かな物々交換あるいは現物の米でもって決済していた。しかし大量の商品を買い付けようとすると、荷車に米俵を積み上げ（即ち、荷駄《にだ》）、尚かつ武士らを多く雇ったキャラバン隊を組成し盗賊らと戦いながら現地へ赴く、などといった悪戦苦闘もあって、結局、流通そのものが窄《すぼ》み機能しなくなっていた。

そこで売買決済については、米から持ち運びが手軽な貨幣にすることとし、但し悪銭の使用を禁止することなく良銭と各悪銭の貨幣価値の比率（例えば一対二、一対五、一対一〇）を定め、退蔵している全ての貨幣を活用していこう、と考えた。

だが貨幣に対する不信感や猜疑心も根強いことから、やはり、米から貨幣へ移行できない恐れもある。それ故に、貨幣を使用しない者には厳罰でもって臨むこととし、それを密告した者への報奨制度も前面に押し立てることで、一気に一斉に「貨幣決済

制度」へ自動的に移行させる強制的なやり方も、併せ考えた。

※流通改革に不可欠な四位一体＝「関所の撤廃」「楽市制度」「撰銭令」「職業軍人」――

関所の撤廃は、往来自由となって、スパイ、不穏分子、不審者、金品目当ての盗賊といった者が領内に侵入し、よって領内では治安悪化に繋がるのである。

治安が悪化した楽市に人を集めようとしても、人は集まってこないし物流もあったものではない。さりとて治安を維持しようとしても、当時の半士半農制の武士や軍兵では、農作業などに手を取られ、結果として街道や市街地の警備・取り締まりなどに手が行き届かず等閑《なおざり》となる。

そこで信長のブレーンは、武士や軍兵らを農業から切り離して、城下などに定住させ街道や市街地などを警備させたのだ。それは、知行制（年貢）による兵農分離、職業軍人化である。関所を撤廃しても治安が日夜しっかり保たれれば、百姓、商人、職人などは安心して市に集まるし、貨幣決済が信用され浸透すれば物流も高まり、よって大量供給・大量消費システムが構築されていくのである。即ち「治安と流通は一体」であり、それが相俟《あいま》ってこそ大規模な城下町が形成され、そうなると市中も農村も豊かになって領国経営も大きく向上し栄えていく、と信長らは考えた。

だが江戸幕府では、治安維持を最優先したが故に、またこうした関所を幕府直轄で復活させたのである。

②仁政を求めた信長

信長は、為政を蔑《ないがし》ろにする将軍・義昭に対して、次のイ．ロ．のような仁慈ある政治を求めたし、また国の施政方針に対して、ハ．のように「国の定め」を制定した。

イ．一五七〇年正月の「五ヶ条の掟書」

一．諸国への（勝手な）将軍書状には、信長の添状を副《そ》えること。

一．今まで下した将軍の（道理なき）命令は無効とし、よく現実を踏まえて施政方針を定めること。

一．忠節の者に与える恩賞の所領が無ければ、信長領分から提供する。

一．天下のことは信長に任されているのだから、信長は将軍の意向を聞くことなく自由に成敗することができる（天皇との密約があった証拠!?）。

一．禁中のことは、疎《おろそ》かにすること無く丁重にしなければならない（天皇尊敬）。

ロ．一五七二年九月の「十七ヶ条意見書」

一．為政を怠りなまけないこと（職務に専念し職務を放棄してはならない）。

一．欲しい物を、大名らに勝手に内書を出しては所望しないこと（賄賂《わいろ》は悪）。

一．幕府職の奉公実績に応じた給与を支給すること（忠義と不忠義の見分け、人事の公平）。

一．幕府職が一生懸命働いても報われず加増もされないのは問題（不満が充満すれば、皆、やる気もなくなり職務が手抜きされる）。

一．褒美だけで済むのに肩入れ贔屓《ひいき》しては安易に役職を与えたり、あるいは咎《とが》めなければならない違法な行為にも欲が絡んで加担するような（不公正な）ことは、慎むこと。

一．幕府の宝物を勝手に持ち出し私物化しないこと（隠れ家を造れば人心も騒然となる）。

一．大名らから献上された金銀を幕政に役立てず、私物化するのは何か企みでもあるのか。

一．税を集めて買物用にとプールしている金さえも、差押えて私物化した理由を聞きたい。

一．物騒《ぶっそう》な時機だからこそ兵糧の貯えが必要であるにも拘《かかわ》らず、幕府の貯蔵している大事な米を勝手に売り払った理由はなにか。

一．建前と本音、二枚舌や内密の取決めなどを、為政ではやってはならない。

一．信長に忠勤する者の女房衆まで面責することは、言語道断（私情を挟んではならない）。

一．訴えられたことや裁判を長々と放置してはいけない。

一．処罰した者の物品は、遺族に返すのが筋で、それを私物化してはならない。

一．「元亀」の年号は不吉だと世間や宮中からも言われており、天下の為にも早く改元しなければならないにも拘らず、改元には金が掛かるからと言って、それを放置するのは良くはない（悪いと言われれば、改正するなど迅速な対応を心掛けるべし）。

一．処罰した者から賄賂を取って、その罪を許すことなどは、もっての外。

一．人の上に立つ者は、一人慎むことが大事であるにも拘らず、政治を怠け、金銀を私物化し隠れ家を造るなど、それを見て不安に思う幕府職は武芸も磨かず、何かあった時の用意の為の生活資金を貯えることに必死になっていることは大問題（政治の停滞、為政者として失格）。

一．上様（将軍）は何事につけても欲深な心を持ち、そして道理も外聞も聞かないと卑しい士民百姓に至るまでが、「悪御所」と呼んでいる。人が何故この様に陰口を言うのか、良く考えて欲しい。

尚、この「十七ヶ条意見書」の内容を、謙信も信玄も伝え聞いたのだ。謙信は、義昭が武士の器《うつわ》に当らず、私欲や色欲に耽《ふけ》り賄賂を要求、奸佞《かんねい》を登用したとして、それぞれの項目についての報告を受けた（参考『上杉家御年譜』）。また信玄は、この意見書の内容を知るなり、信長を「ただ人ならず」と言ったという（参考『当代記』）。

八．民・百姓を慈しむ施政方針…「国の定《さだ》め」の制定

信長は、一五七五年九月一四日、越前国を治める「国の定め」、および一五八二年三月二九日、甲斐と信濃を治める両国の「国の定め」を制定した。

然るにそれぞれの国は、二度と反乱などを起させないようにする為に、通常、領民らは弾圧され圧政になると考えられる。しかし徳治を布き詰めた「撫育民姓国家」の実現を目指す信長は、次のような民・百姓を慈しんだ施政方針（概略）を定め、その地を統治する領主にこれらを守らせたのである（参考『信長公記』）。

・定められた以上の年貢を百姓から取ってはならない。
・定められた以上に民・百姓らを使役してはならない。
・裁判は、道理に基づき厳正公平に裁くこと。

・関所は撤廃。但し貨物税等を徴収する関所でも、人頭の関銭は廃止すること。
・社寺の荘園は原則廃止（農地などの解放）、ほか。

3．信長が描く「泰平の世」の姿

一五七四年三月、信長は、平和で和気《わき》藹々《あいあい》とした「泰平の世」の姿などを描いたといわれる屏風絵「洛中洛外図」を上杉謙信に贈呈した。その屏風絵の特徴は、左記の＊欄『名宝日本の美術第25巻』に述べられているところである。

＊『上杉家御年譜』――

信長より使節到来す。濃彩《のうさい》の屏風二双贈らる。一双（一隻《せき》）は落陽の名所（いわゆる「洛中洛外図」）、一双は源氏（いわゆる「源氏物語絵図」）を画く。狩野源四郎貞信（永徳？）の筆なり。墨妙《ぼくみょう》精工にして見る者を驚かす。管領（謙信）も弥《いよいよ》信長の深情を感じ給う。

＊『名宝日本の美術第25巻』…「洛中洛外図」の概要――

屏風には、右隻第一～第六扇、左隻第一～第六扇（隻とは左右をもって一対）があり、その左右合計面積は、凡そ畳七畳分ほどである。そこに描かれている人数は二、四八五人で、その内訳は、男性一、九六八人、女性三五四人、幼児一二五人、判別不明三八人だ。絵は、金を多量に使った眩《まばゆ》いばかりの金ずくめの装飾（金碧《きんぺき》濃彩）で、雲間隠れに京都の景観が濃《だみ》絵《え》で所狭しと、それぞれの町並みとか人物などや、当時の社会、経済、文化なども細密に活写され、また全画面に豪快さと迫力、雄大さなどが横溢されている。そして、四季折々の年中行事や祭礼（節会、左義長《さぎちょう》、祇園《ぎおん》絵、花見など）、名所、御所や将軍館、神社仏閣などの建物、さまざまな階層や職業の老若男女の服装、生活振り（内裏や公家に、庶民らの米屋、魚屋、床屋、百姓の稲刈りなど）、僧侶や参詣人、旅人、動物（牛、馬、猿など）、植物（松、梅、桜など）が、巧く合さっているのが特色である。

この絵は、室町時代後期の風俗が、自由闊達《かったつ》な描写で繰り広げられ、見る者には強烈な印象を与えた、といわれている。また、この絵は、安穏で華やかな作風に庶民的な行事にも関心を強めているところから、公武一統政権を樹立した後の天下（「泰平の世」）を絵したとも評されているものである。

iv、結論「真相解明」

信長の謎解きで最も悩んだことは、当時の人々が、戦乱のない平穏で豊かな「泰平の世」を渇望していたという時代背景〝うねり〟についてである。当初は、これまで戦争好みで無慈悲、殺戮《さつりく》者といった信長への悪しき先入観などもあって、こうした動きとは無縁だと思っていた。

しかし随所に不思議なほどに、「泰平の世」を意識した信長の行状や行跡などに出くわしてくると、やはり信長も、天王坊の住持や政秀寺の住持・沢彦らの影響で、その大きな〝うねり〟の洗礼を受けていた、と考える。したがって信長は、人々の願いを何としても叶えようと、「勧善懲悪」の信念を強く持って、為政の方策「武徳（七徳の武の考え）を布き詰めながら天下を統一する」（即ち「布武天下」）を強力に実践していった、と確信する。

そして本書は、この「布武天下」を完遂すれば、信長が使命とした政道国家「撫育民姓国家」が実現し、すればそこに自然と戦争のない平穏で豊かな「泰平の世」が到来するのだ、という結論に達した次第である。

その四、天皇と信長の関係とは

⇩

信長は天皇の忠臣⁉

天皇と信長の関係は、「信長が天皇を蔑《ないがし》ろにしては譲位を求めるなど、それは険悪な状況であった」と言うのが通説である。

しかし天皇は信長だけに対して、戦勝祈願し位階・官職を与え、しかも信長葬儀には生前の信長の功績を称《たた》え、また信長の死を悼んで勅命や諡号《しごう》を授け「従一位太政大臣」を贈位贈官したのだ。

一方、信長も宮中の威厳を回復する為に、御所を修築し二条新御所も献上、宮中の財政や公家の生活状況の健全化を図るとともに、宮中の行事費用に加え、さらに毎年、鯨肉、串柿や旬の松茸、鯛といった多くの初物なども進上した。

はて、信長が天皇を蔑ろにしたということなど、何か間違っているのではないか、と大いに疑念を抱いたことから、本書はこれを「信長の七不思議」の一つとして掲げた。

i、信長上洛前の天皇

1．天皇の即位式典

一五六〇年一月二七日、正親町《おおぎまち》天皇（一五一七〜九三年）四四歳は、即位式典を挙行された。但し、正親町天皇が皇位を継承されたのは、一五五七年九月、後奈良天皇が崩御《ほうぎょ》された時である。だがその時、宮中では葬儀「大喪の礼」や即位式典「即位の礼」を執り行う資金（両方合わせて約三千貫…現在換算額三億円？）もなく、また直ぐにその資金を用立て献上してくれる大名もいなかったのだ。

しかし有力大名らに、宮中がその資金の献納を必死になって頼んだことから、漸《ようや》くにしてその資金が集まってきて事無きを得たのである。つまり三好長慶《ながよし》らの献納によって、二ヶ月半後に先帝のご葬儀を、また毛利元就《もとなり》らの献納によって、二年過ぎて後のこの日に、目出度く即位式典が執り行われた次第である。したがって正親町天皇とは、かような面でも、大変なご苦労を経験されたのであった。

＊『御湯殿上日記』——

一五六〇年一月二七日、今日は天気よく、御即位するすると（滞りなく流れるように）、めでたしめでたし。

2. 天皇も認識する信長の存在

一五六七年一一月、天皇は、美濃を平定した信長に対して「美濃を平定したことは天道にも適った古今無双の名将」と称えるとともに、天皇への忠誠を推し測る為なのか「美濃、尾張にある禁裏料所の貢租を徴収し上納せよ」、と綸旨《りんじ》を下した。

3. 天皇綸旨と信長の対応

一五六八年九月、天皇は、足利義昭を奉じた信長が上洛すれば京都を支配する三好一党との激戦が予想され、そして「京都が火の海となって焼け野原になるのではないか。また節度もない荒々しい田舎侍《いなか》の信長軍なら、略奪、強盗、人攫《ひとさら》いなど好き勝手なことをしてしまうのではないか……」、と危惧《きぐ》された。

そこで天皇は、九月二一日、「天下の静謐《せいひつ》」を祈るとともに入洛《じゅらく》前の信長に対して綸旨を下したのである。その内容は、「京都での略奪を禁じ、軍士の乱妨《らんぼう》を戒め、内裏《だいり》の警護を命じる」（参考『大日本史料』）というものであった。

＊『言継卿記』…怯え混乱する京都市中――

九月二〇日、織田信長出張（出陣）、日々洛中洛外騒動なり。一両日中の由と申すなり。
九月二一日、信長、今日の出張、延引云々。二四日は必定云々。今朝も尚騒動なり。

この綸旨を受け取った信長は、信長全軍に対して「一切の略奪や乱暴狼藉を禁じ、違反した者は即刻断罪する」旨を命じて徹底した。したがって一五六八年九月二八日（新暦…一〇月二八日）、信長軍が整斉と秩序正しく入洛したので、民衆は、それまでの悲観や騒乱状態から一転して平静を取り戻したという。

ii、信長、天皇に拝謁

1．「泰平の世」到来を願う天皇

①正親町天皇のお尋ね

天皇は、長引く戦乱によって、いつも民・百姓（国民）が明日もない困苦に苛《さいな》まされ犠牲となっている事態を、殊に憂え悲しまれていた。

だから戦乱が一刻も早く鎮まることを思い願って、「天下の静謐」「治国安寧《あんねい》」「治国平天下」を宮中内侍所《ないしどころ》で毎々祈っていたのである。そしてその祈りが通じて、「泰平の世」なる社会が到来せんことを切に熱望していたのであった。

そうした中で、一五六八年一〇月二二日、畿内の三好一党らを制圧し京都に凱旋した信長三五歳は、直ちに参内し天皇に拝謁《はいえつ》した。

天皇は、信長が「京都の焦土化、治安悪化」を未然に防止し、さらに三好一党らによって、あまりにも乱されてきた京都の平安や秩序を回復させた信長の戦功、功労を大いに褒め称《たた》えた。そして次に天皇は信長に対し、「どうすれば、かような残酷で悲惨な戦争がなくなり天下が平穏になって、皆が希《こいねが》う「泰平の世」を迎えることができようか……」、とお尋ねになった。

信長は、沢彦から古代中国の話をよく聞かされていた。それは即ち、古代中国では、天（天帝）の命を授かり、乱世を鎮めて国家を治め万民に恩徳を与え、さらに天をお祭りするなどの祭典を執り行う者とは、天子なのである（天子祭天）。

それと同じことを日本で執り行える者とは、古《いにしえ》より天皇と定まっている。つまり天皇は、中国でいう天子であり、代々宝祚《ほうそ》を受け継いで、しかも崇高な天の命を授かり「天下の静謐」「治国安寧」などを心から願い、さらにそれを求めて取り組んでおられる「天意の具現者」と信長は信じていたから、素《もと》より天皇を敬っていた。

＊信長の天皇仰望と為政への心得…一五七三年正月、義昭に宛てた書状の一部——

信長は、五常（仁、義、礼、智、信）を全《まっと》う為《す》るにつきて、禁中（天皇）を重んじ、公方（将軍）を仰《あお》ぎ奉り、民を憐れむ心ざし、天道に通じ（偽りなき真実であり）、天下を仕置（統治）仰せ付けられ、国家を興隆し、子孫を栄茂《えいぼ》せんとすること、祈らずとても神仏に叶う故《ことがら》なり。

②信長の奏上

そこで、先ほどの天皇のお尋ねに対し、信長は次のような内容を奏上した（同種の内容としては、「本章その五、i、1. の②」および「本章その五、i、2. の③」参照のこと）。

「古代中国では、戦乱、大乱の世を鎮定せんと、天帝の命（天命）を受けた天子がこの世に現われれば、『泰平の世』が到来する、と言い伝えられております。そして同時に麒麟、鳳凰、竜、亀という多祥《たしょう》吉事の四霊も現われ、その『泰平の世』が到来したことを慶祝《けいしゅく》する、と史書にも記されているところです（参考『礼記』『筍子』など）。これを我が国・日本に当て嵌めてみますと、天子とは、正《まさ》しく正親町天皇であり、『泰平の世』とは、現実的には戦争のない平和で民・百姓を慈しんだ豊かな国家が実現した時の姿でありましょう。

そこでかような国家を実現するには、我が国では天命を拝した天皇の大義により、

『勧善懲悪』を旨として悪を懲《こ》らしめては戦争をなくし『世の為、人の為』には仁政を施すとした、いわゆる『武徳（七徳の武の考え）を布き詰めながら天下を統一する』といった為政の実践法『布武天下』を、強力に推進していかねばならないと考えます。こうした努力の結果、『布武天下』を完遂し民・百姓を慈しむ国家『撫育民姓国家』が実現した時、天皇が仰せられました通りの皆々が希う『泰平の世』が到来した、と言えるのではないでしょうか。

この『泰平の世』が到来した時、天子祭天と言われますように、天皇は至難な天命を立派に叶えましたことを、真っ先に天帝へご報告することが肝要なのだ、と禅僧で政秀寺の住持・沢彦や天王坊の住持らが申しているところです。

したがいまして、信長は、正親町天皇のご勢威の下で、この『撫育民姓国家』実現の為に『布武天下』を実践し完遂してまいりたい所存でございますので、どうかその重要な任をご下命賜りますよう、慎んでお願い申し上げます」

③信長に託す天下統一

私心のない、しかも澱《よど》みのない信長の話を聞いていた天皇は、「泰平の世」到来時について、「それは古代中国の史書にも言う通り」と頷《うなず》かれたのである。そして天皇は、信長が言う聞き慣れない「布武天下」の実践とか「撫育民姓国家」の実現という考えに、大いに興味を抱いたのであった。

元々、天皇は一刻も早くこんな戦乱の世を糺《ただ》して「泰平の世」が到来せんことを、と願い祈っていた。だからと言って、「泰平の世」の到来を祈るだけでは、「泰平の世」など簡単に到来しないのだ。故に天皇は、「泰平の世」に成していこうとするならば、我が勢威の下で信長の言う「布武天下」なる具体的強力な為政の実践が不可欠なのだ、と了知した。

よって天皇は、「この戦乱の世を鎮め平和で豊かな国家社会を築いて『泰平の世』へと導くことのできる者とは、他でもない、信長ではないか……」と、信長の力量に期待し、その実践を信長に託そうと意を決した由である。

そこで天皇は、信長に対し、

「一刻も早くこの戦乱の世を鎮め、そして万民斉《ひと》しく無限の慈愛と恩徳が享受される『泰平の世』を具現せねばならず、その為には、我が重臣・中興の良士として（参照『左記iii、10．①の傍線部』）、『布武天下』を完遂し『撫育民姓国家』を実現することに率先して取り組み励むように……」

そしてさらに続けて、

「我が代で、何としても天命を叶えた時の天帝へのご報告『天子祭天』を、目出度く立派に執り行いたいものよの……」

と、力強く語るのであった。

2. 天皇の叡慮…信長への支援

そう信長に語ったものの、天皇には一抹の不安が生じて来た。この戦乱の世を断ち天下を統一しようと尽力する信長に対し、それを邪魔し阻止しようとする悪しき権勢、旧体制、邪宗教などが勢い立ち向って来よう。その動きに対し古今無双の名将・信長は、そうした悪弊や旧体制などを一掃せんが為に、一心不乱に戦って行くであろう。しかしよく考えてみれば、一掃されようとするそのような権勢や旧体制などに取り付きしがみ付いているのは、言わずと知れた公家ではないか。

すると、もし天皇が信長の「布武天下」を支持した上で、さらに悪しき権勢や旧体制などの一掃を、あからさまに宣しようものなら、そうした体制などにしがみ付いた公家らは、天皇に弓引く賊徒《ぞくと》となって猛反発して来るのではなかろうか……。公家らが賊徒となって天皇に反旗を翻《ひるがえ》せば、それこそ大変な事態となり宮中そのものが機能せず立ち居かなくなる、と天皇は憂患した。

そうであればそういうことにならないよう、天皇は、当分の間、信長の言う「布武天下」だけを支持しておこう、と叡慮し心得たのである。

したがって天皇は、左記※欄の如く信長の「布武天下」早期完遂の為に、信長が戦場へ赴き天下の為に戦っているその間は、公家らに諮詢《しじゅん》することなく「信長の戦勝を祈願しよう……」、また信長が窮地に陥った時には、混乱の未然収束と言っては「勅使を遣わし局面を打開してあげよう……」、などと秘して誓うのであった。

※信長の「布武天下」早期完遂に力添えする天皇（参照「左記ⅲ、」）――

イ．信長が天下の為に戦う時には、天皇は、公家らに相談することなく、神鏡のある宮中内侍所の御神体に「信長の戦勝」を祈願し、さらには武家の崇敬も深い石清水八幡宮にも命じ、法楽を奏《かな》でて「信長の戦勝」を祈らせた。

その記録とは、朝倉との戦い、叡山の焼き討ち（臨時の御拝）、石山本願寺との戦い

（含む、紀州における雑賀衆との戦い）、信長に謀反《むほん》した荒木村重との戦い、武田との戦い、にある。

ロ．そして信長が打つ手なく戦況が膠着《こうちゃく》している時、あるいは激化が予想される時には、天皇は、勅使を遣わし、敵に停戦・撤退を命じたり両者を和解もさせた。

その記録とは、比叡山中に立て籠もった朝倉・浅井軍を信長軍が包囲し続けた時、信長と将軍・義昭が一触即発の時、信長が石山本願寺を攻め倦《あぐ》んだ時、にある。

ハ．加えて天下に雄飛していく信長を、天皇はバックアップする為に、「信長はただ者ではない！」といった評価や権威を信長に与えては世に知らしめし（印象付け）、「布武天下」をやり易く、しかも早く成し遂げさせようとした。

その記録とは、信長への相次ぐ位階・官職の授与、および東大寺正倉院が厳封する秘宝「蘭奢待《らんじゃたい》」の切り取り許可、である。

3．天皇を思う信長の決意

かようにして、「泰平の世」の到来を渇望される天皇の御心を甚く《いた》感じ取った信長は、然らば何としても「布武天下」を完遂し「撫育民姓国家」を実現せねばと、自らの「使命」達成を固く決意した。したがって、信長の天皇を思う心根とは、前掲した「禁中（天皇）を重んじ……」（参照「右記ⅱ、1．①の＊欄」）や「五ヶ条の掟書」にも示す「禁中のことは疎かにすることなく丁重にしなければならない」（参照「本章その三、ⅲ、2．②のイ．」）、というものであった。

そしてこれ以降、信長は、今まで以上に、天皇への尽忠を心から誓約するとともに、天皇の「天命」（偉業）成就の為に、鎧《よろい》や兜《かぶと》を脱ぐ間も惜しみつつ凄《すさ》まじい勢いで精励恪勤、東奔西走し「布武天下」完遂に邁進して行ったのである。

4．信長の取り組み…宮中などの威厳復活

信長は、一五六八年に上洛してから一五八二年の本能寺の変で横死するまでの間、宮中体制などの威厳を取り戻す為に、次のような数多くの取り組みや献上を行った。

イ．荒れ果てた御所《ごしょ》の大修理を行うとともに、親王の新御所も献上した。

ロ．親王元服費用や宮中行事（儀式典礼《てんれい》や節会《せちえ》など）の費用を献上した。

ハ．宮中財政資金の安定化（市中貸し付け米の利子収入）を図った。

ニ．毎年、鯨肉、美濃の瓜、串柿、蜜柑《みかん》、お茶、白鳥などに加え、時には、新米、寿司、

枇杷《びわ》、山芋、筍《たけのこ》、松茸《まつたけ》、鯛、鱈《たら》、鯉、氷餅、砂糖、新酒など多くの初物を天皇に進上した（参考『御湯殿上日記』）。

ホ．位階・官職拝受の都度、例えば、大納言、内大臣の時には、天皇に黄金や巻物の献上、公家には領地を差し上げ、右大臣の時には、節会の費用を献上した。

ヘ．困窮する公家衆の救済の為に、所領を取り戻すなどの生活安定化を図った。

＊『老人雑話』…御所のありさまなど――

御所には、築地《ついじ》（土塀）などはなく、竹の垣に茨《いばら》など結いつけたる様なり。老人、（昔）児童の時に（勝手に御所へ）遊びに往きて、縁にて土などねやし（こねて遊んだり）、破れたる簾《すだれ》を折節上げてみれば、人も無き体なり。信長、知行など付けられ造作《ぞうさく》（修築）など寄進ありし故に、少し禁中の居を為し、よくなりたり。これによって、信長を御崇敬あり。高官にも進めらるる。

＊『信長公記』…御所の修築など――

御所の建物が傷み、権威を保てないほどになったので、修理の際の神仏の加護を願われて、信長公は先年、日乗上人・村井民部丞を奉行に任じ、修築を命じられたのであるが、三ヶ年掛かってこのほど（一五七一年）完成した。紫宸殿、清涼殿、内侍所、昭陽舎、そのほか数多くのお局《つぼね》の造築を余すところなく終えられた。

＊『信長公記』…宮中財政資金の安定化――

一五七一年、御所を修築した折、信長公は、朝廷のご収入が末代まで滞ることがないよう配慮しておかねばと、思案を巡らして、洛中の町人に米を貸し付け、その利米を朝廷のご費用に充てるよう指図された。

＊『信長公記』…困窮する公家衆の救済――

一五七五年四月、公家方のご家運が傾き困窮した為、中には所領を売却した者も多い。信長公は「それを元通りに返すように」とお触れを出し、村井貞勝らに命じられて徳政を発し、公家衆の本来の所領を取り戻された。御所の修築もしたので、主上を始め、公家・武家ともに隆盛におもむいた。

ⅲ、史料に見る天皇と信長の関係

この項は、右記ⅱ、で述べた天皇と信長の関わり部分を証する為の史料や考えであり、それらを項目別年代順に纏め掲げることとした。

1．朝倉（後に朝倉・浅井）との戦い

①信長の出陣

信長は、一五七〇年四月二〇日、若狭制圧を口実にして、その実、越前四五万石の朝倉義景（一五三三〜七三年）を征伐する為に出陣した。

②天皇、「信長戦勝」のご祈願

天皇は、信長が越前に攻め入った頃合の四月二五日から二八日まで、宮中内侍所や石清水《いわしみず》八幡宮で信長の戦勝を祈願された。即ち天皇は、神々のご加護によって、逆らう朝倉を征伐し、そして逸早く信長がいう「布武天下」を成し遂げ「平和な御世《みよ》」「泰平の世」が到来せんことを……、と内侍所などのご神体に祈りを捧げたのである。したがって天皇は、朝倉を明らかに「朝敵」と見なしたわけである。

＊『大日本史料』…天皇の「信長戦勝」祈願――

四月二五日、内侍所に千度祓《せんどばらい》を修して、信長の戦捷《せんしょう》を祈らせらる。尋《つい》で、又、石清水八

幡宮法楽の御楽を奏して、同じく戦捷を祈らせらる。

＊『御湯殿上日記』――

四月二五日、内侍所にて御千とさせらる、。…御拝になる。
四月二六日、今日も御拝になる。
四月二七日、今日も御拝になる。
四月二八日、八わた（石清水八幡宮）へ五常楽百遍ひきあり。めでたし。御拝になる。

③信長から天皇への戦況報告

信長は、四月二五日、若狭から越前に攻め入った。ところが翌日の二六日、浅井長政の使者で、長政の妻・お市（信長の妹）に付添う家老の藤掛と熊谷が、以前に信長が浅井へ差し入れた「朝倉を攻めない」旨の誓紙を直接返す為に信長陣中へやって来た（参考『浅井三代記』）。そしてこの二人から、「浅井の朝倉に与《くみ》する」旨の逆心の話を聞いた信長は、浅井と朝倉に挟撃されたら大変だと判断し、急遽《きゅうきょ》、全軍を越前から京都へ撤退させた。しかし信長軍は、朝倉軍の追撃を受け大損害を被ったのである。

＊『朝倉始末記』…信長軍の敗退――

四月二八日、義景は二万人の兵を率いて信長軍に向かって行ったところ、信長は、朝倉領内であること、義景の旗下・浅井が背後を突けば苦戦すること、を考えて早々に軍を引いた。越前軍は鬨《とき》の声を上げ追い駆け、反撃のない（逃げる）信長軍一三五三人もの首級を挙げた。

この越前の戦況について、信長は、二八日「撤退」および二九日「無事」と、急ぎ天皇に報告した。

＊『御湯殿上日記』…信長からの撤退や無事の報告――

四月二八日、今日は、信長、越前にての合戦、わろき由（形勢不利、撤退）、沙汰あり。
四月二九日、今日は、合戦、信長よき由（無事）申。

※信長が報告した「撤退」「無事」について――

もし信長が単独で朝倉征伐を企んでいたとしたら、このような撤退や無事といった格好の悪い報告を天皇にする筈がない。つまり天皇の「戦勝祈願」と信長の「撤退、無事報告」の関連を勘案すれば、それは信長の天下を統一する「布武天下」の考えを天皇が支持していたからこそ、天皇は信長の戦勝を祈願し、信長も心配されておられる天皇に、その戦況を直ちに正しく報告したのである。
よって天皇は信長を理解し、また信長は天皇に仕える忠臣であった、とその密なる関係を思い知るところである。

④計略漏洩の予覚…以降、信長が採った内奏体制

信長が天皇に「朝倉征伐」の計画を奏上したり、天皇が「信長の戦勝」を祈願し、かつ信長が天皇に「越前の戦況」などを報告するといった動きを、公家衆は怪訝《けげん》に思った。当然、朝倉から何かと援助を受けている公家も少なくはないであろう。

取り分け、援助を受けている公家は、そうした事前の情報を、当該「朝敵」と見なされる敵に流そうか……。それでは、計画などが未然に漏れてしまうことになる。

＊多くの史書が記す信長の朝倉征伐（参考『大日本史料』）――

四月二〇日、信長、朝倉義景を伐《う》たんとす。是日、京都を発して、若狭に下る、等々。

公家からの情報で、信長の朝倉征伐計画を事前に知っていたのであろうか、朝倉義景は、北近江や若狭との国境近くの金ヶ崎城や手筒山城の防御を強化し、また新たな砦を築いて越

前の防備を固め、信長の進攻を食い止めようと準備を整えた。

とはいえ信長は、その公《おおやけ》の攻撃目標は、悪逆を企てたとして若狭の武藤友益らを成敗することとし、朝倉征伐は一切伏せていた。だから朝倉と親しい浅井長政を信長軍に入れると、情報が朝倉へ筒抜けになる為、よって浅井を外し、しかも湖西の朽木《くちき》を通り若狭制圧とカムフラージュしながら一気に越前へ攻め入ろうとしたわけだ。

当然のことながら、越前では戦いの準備などできていないと信長は予測していたが、あに図らんや随所で守備固めをしていたのであった。さらに間髪を入れずに、浅井が謀反《むほん》を起して朝倉に味方するなど、信長は、朝倉征伐の計画情報が明らかに朝倉と浅井に漏れ伝わっていた、と察知した。

＊『韓非子』――

事は密を以て成り、語は泄《も》るゝを以て敗れる。

※朝倉らの動きを知った信長は、以降、天皇への奏上を極秘（**内奏**）**とした――**

信長は、天皇へ奏上する征伐計画などが、宮中に出入りする公家から、事前に敵へ漏れていくことを怖れた。それ故に信長は、これ以降、出陣するまで天皇以外にその征伐計画などを明かさず、また悪しき戦況報告も、極力、宮中の公家伝奏窓口を通すことなく、極秘に天皇へ奏上（内奏《ないそう》）する体制を取った、と考える。

では、信長の具体的な内奏体制とは……。それは史書に何も記されていないので判らない。だがそう内奏していた確証として、

イ．信長が出陣した時、天皇は諮詢することなく即座に「信長の戦勝」を祈願している（参照「右記1．の②」「左記2．（四）の②」「左記2．（五）の②」「左記6．の②」「左記8．の②」）

ロ．信長が叡山を攻撃する前日から、天皇は「仏罰もなきように……」といった旨の臨時の御拝を執り行っている（参照「本章その六、i、3．の③」）

ハ．信長が窮地に陥った時、天皇は、早速、勅使を遣わし、敵に停戦・撤退を命じたり、あるいは両者の「和解調停」の大役をかっている（参照「左記⑤」「左記2．（一）の②」「左記2．（六）の①〜③」「左記3．」）

という天皇の素早い動き、対応などがあったからである。

つまり、このことは、信長の征伐計画や形勢不利となっている戦況などを、天皇が事前に逐一内聞し把握していたからに他ならない。即ち信長の内奏が、公家の判らないところで行われていたが故に、結果として、この時から左記8．（武田征伐）まで、信長の計画や計略などが事前に漏れることもなく、したがって公家の史書にはそうした内容が一切記されることもなかったわけである。

⑤天皇の和解調停…信長軍と朝倉・浅井軍の休戦

一五七〇年一二月一三日、比叡山で朝倉・浅井軍を包囲したものの身動きの取れない信長軍を案じ、また信長軍に包囲され兵糧も枯渇してきた朝倉・浅井軍を慮って、天皇は勅使を遣わし、双方の人質を交換することで和解させたのである。そして双方の軍は、翌日、一斉に兵を引き帰国した。

＊『**御湯殿上日記**』——

一五七〇年一二月一四日、天下和睦になりて目出度し目出度し。この御所よりの綸旨の筋にて。将軍も（京へ）帰り、信長も（岐阜へ）下り、越衆も目出度かりにて（朝倉らも目出度い結果になって越前などへ）下り候。

2. 大坂石山本願寺との戦い

（一）一五七〇年九月の戦い

①信長の出陣

一五七〇年八月二五日、信長は将軍・義昭と共に、三好勢が立て籠る大坂の野田と福島を攻撃する為に出陣した。

この三好勢と戦っている最中の九月一四日、信長から大坂立ち退きを迫られてもいる大坂石山本願寺が、夜半、寺内の鐘を合図に、突如、三好勢に味方し参戦して来たのである。

攻撃して来た本願寺の主力部隊とは、本願寺の信者である紀州雑賀《さいが》衆で、三千挺《ちょう》もの鉄砲を巧《たく》みに操る職業軍人部隊だ。信長軍は、その雑賀衆の鉄砲の洗礼を受け苦杯を喫した。尚、この時、朝倉・浅井軍が坂本へ進攻して来た。

②天皇の「停戦・撤退」命令
一五七〇年九月二〇日、天皇は本願寺・顕如（一五四三～九二年）へ勅使（山科言継?）を遣わし、本願寺が義昭・信長軍と戦ったことに対し、それは天下国家に対する一揆「朝敵」だとして、言語道断、即刻、戦いを止め撤退するように、と命じた。

＊『言継卿記』…天皇の勅命——
この度、大樹（征夷大将軍）天下静謐の為、出陣候。信長も同前の処、（本願寺は）一揆を起し、敵対の由、その聞え候。不相応のこと、然るべからず候（宗教者として、言語道断）。早々、干戈《かんか》を相休め候べきこと（停戦・撤退）肝要に候。

（二）長島一向一揆との戦い…関連

イ．一五七〇年一一月、大坂石山本願寺の命で尾張・長島一向一揆が勃発、信長は叡山を取り囲んで動けず、その鎮圧に向かった織田信興（信長の弟）らは敗死。

ロ．一五七一年五月、信長は三方から一揆を攻めたが、敗退。

ハ．一五七二年一〇月、伊勢を平定した信長は、帰路を一揆に待ち伏せされて大敗。

ニ．一五七三年一〇月、信長は一揆と戦ったが、敗北。

ホ．一五七四年九月、信長、海陸から攻撃し一揆を殲滅《せんめつ》、二万人を殺戮《さつりく》したという。

（三）越前一向一揆との戦い…関連

イ．一五七四年正月、信長は、一五七三年八月に朝倉を倒して越前を平定したが、大坂石山本願寺の命で越前一向一揆が勃発、越前が本願寺の支配となった。

ロ．一五七五年八月、信長、海陸から攻撃し一揆を殲滅した。一揆の三、四万人を殺戮したという。

（四）一五七六年五月の戦い

①信長、本願寺の攻撃に対する反撃

一五七六年五月、大坂の織田軍の拠点が雑賀衆を主力とする本願寺の一揆一万五千人に攻め立てられたのだ。この劣勢状況を京都で聞いた信長は、諸国の武将らに出陣の「触」を出すとともに、取り急ぎ一〇〇名ほどの人数で大坂へ駆け付けたのである。

しかし、大坂の拠点にいる手勢を集めても三千人ほどしかなく、そこで窮余《きゅうよ》の一策として、信長はこの三千人を三段に分けて戦わせた。だが戦いの最中、信長は足に鉄砲の弾を受けたという。さりとて信長は、怯むことなく皆を鼓舞《こぶ》した結果、皆の立派な奮戦振りによって一揆を本願寺へ押し返したのである。こうして信長は、天王寺などの大坂拠点を辛《かろ》うじて防御した。

②天皇、「信長戦勝」のご祈願

信長が急ぎ大坂へ出陣したとの内奏を受けた天皇は、「信長の戦勝」を祈願した。

＊『御湯殿上日記』――

五月七日、信長出陣を期待して、五常楽の百遍あそばさるる。

＊『言継卿記』…本願寺も「朝敵」との認識!?

五月八日、大坂の信長より報告あり。大坂西木津の城敗北云々。一揆一万人ばかり討ち捨て云々。もっとも大慶、大慶。

（五）本願寺を支援する雑賀衆との戦い

①信長、雑賀衆征伐に出陣

信長は大坂石山本願寺の勢威が衰えないことから、その武闘勢力である雑賀衆の本拠地・紀州雑賀を叩く作戦を企てた。そして一五七七年二月、信長は一〇万人を超える軍勢を率いて紀州の雑賀衆征伐に出陣した。だが勝敗は決せられず、引き分けた。

②天皇、「信長戦勝」のご祈願

信長から紀州・雑賀衆を征伐するとの内奏を受けた天皇は、一〇日間に亘って信長の戦勝を祈願した。

＊『**御湯殿上日記**』――

二月一四日、にわかに信長出陣。千遍の御神楽《おかぐら》をあそばす（二三日まで）。

（六）大坂石山本願寺との和解

①天皇からの和解調停

一五八〇年三月一日、天皇の勅使・近衛前久《さきひさ》（一五三六～一六一二年）ら三人は、信長と本願寺の和解を進める為に、本願寺へ向かった。勅使は、兵糧などが絶《た》えてきた本願寺に「大坂明け渡し」を求めたところ、本願寺の回答は「本山を死守する」との意向を明らかにしたので、已むなく和解の為の調停交渉を中止した。

②天皇からの再度の和解調停

その一ヶ月後の閏《うるう》三月六日、勅使は、再度「大坂を退城するように」との天皇の意向を伝えたところ、法主・顕如は、「天皇の仰せに背いては天道への恐れも如何《いかが》であろう」と言い、七月二〇日までに大坂を退去する、と決めたのである。

この決定を受けて、信長は「本願寺との停戦」を大坂で戦っている各武将らに伝えるとともに、本願寺に出入りする海上や陸上関係者への「通行保証」も徹底した。

尚、信長の（譲歩した）本願寺宛て立ち退き覚書と天皇に奏上した起請文の内容は、次の通り（参考『織田信長文書の研究』）。

イ．信長から本願寺への七ヶ条の覚書

一．惣赦免《しゃめん》のこと（本願寺の人々は全て赦免する）

一．天王寺北城は、先ず近衛殿の人数を入れ替え、大坂退城の刻《きざみ》、太子塚をも引き取り、今度使衆を入れ置くべきこと（信長の北城は近衛前久の兵と入れ替える。大坂退城の時には、太子塚を明け渡し、勅使の兵に入れ替えることとする）

一．人質は、気任《きづかい》の為に遣わすべきこと（本願寺を安心させる為に、信長は人質を出す）

一．往還の末寺は、先々のこと（末寺との行き来は認める）

一．賀州二郡、大坂退城後、如在《じょさい》なきにおいては、返し付くべきこと（加賀の江沼と能美は、大坂退城の後、不穏なことがなければ返還する）

一．月切りは、七月の盆前に究むべきこと（大坂退城は、盆前とする）

一．花熊、尼崎は、大坂退城の刻に渡すこと（大坂退城と同時に、本願寺の砦である花熊と尼崎の出城も明け渡すこと）

ロ．信長から勅使を通じて天皇への奏上（信長の起請文）

右（覚書）意趣《いしゅ》は、今度本願寺赦免のこと、叡慮として仰せ出さるるの条、彼方異義なきにおいては、条数（条項）の通り、いささか以って相違あるべからず（本願寺の赦免は正親町天皇のお考えであり、彼方に異議が無ければ、覚書条件を相違なく実行します）。もしこの旨を（信長が）偽り申さば、梵天・四大天王、惣じて日本国中の大小神祇、八幡大菩薩・春日大明神・天満大自在天神・愛宕・白山権現、殊に氏神の御罸（罰）を蒙《こうむ》らるべきものなり。この由（天皇へ）奏進あるべく候、謹言。

だが大坂石山本願寺では、強硬派の新門跡《もんぜき》（顕如の嫡男・教如《きょうにょ》）が多くの信者らと残ることとなったので、一五八〇年四月九日、穏健派の法主・顕如らは、信長の人質と共に紀州・鷺《さぎの》森《もり》へ退去した。

そして尼崎と神戸・花熊の城は、約束通り信長方へ明け渡したことから、両城を守っていた毛利の武将らも、城から撤退し本国へ引き上げたのである。

ところで左記６．にも言うよう信長に謀反を起した荒木村重は、伊丹から尼崎へ居城を移しており、さらにこの毛利の武将らの撤退に紛《まぎ》れ込んで西国へ逃亡した。その後、村重は西国で逃亡生活を送っていたが、秀吉が天下を取った後に、名を道薫《どうくん》と改め、茶人として秀吉に仕えたという。

③天皇の最後の和解調停

一五八〇年七月二日、安土の信長の許へ、本願寺との和解に活躍した勅使と、和解を受け入れた顕如の使者が挨拶にやって来た。だが本願寺の大坂退去が完全に済んでいないとして、信長は会わなかったのだ。その信長の名代を信忠が務めたのである。

とはいえ信長は、勅使や大坂を退去した顕如および顕如の妻に黄金を与えるとともに、顕如へ書状（新門跡への大坂退去の口添え？）を認《したた》めた。

同じ日の七月二日、片や徹底抗戦する本願寺新門跡・教如（一五五六～一六一四年）から、信長に青鳥、太刀一腰ならびに銀子千両を贈ってきた。これに悦んだ信長は、黄金三〇〇両を教如へ贈ったのである。

こうした動きを受けて、七月一三日、勅使の近衛前久ら三人は、大坂に赴き教如に大坂退去を説得、その退去を保証する和解案として信長の新たな五ヶ条の覚書と起請文を教如へ差し入れた（参考『織田信長文書の研究』）。

この勅使の説得を受け入れ和解した教如と信者全員は、八月二日、信長の人質と共に大坂石山本願寺を退去した。ところが松明《たいまつ》の火が悪風（台風？）で伽藍《がらん》などに燃え移った結果、寺は三日間焼け続けて一宇（寺院）も残らなかったという（参考『信長公記』）。

3. 天皇調停による義昭と信長の和解

一五七三年四月、信長に反発する将軍・義昭の臨戦体制に信長も京都・上京に火を放つなど、かような京都の異状事態を懸念する天皇は、義昭の怒りを解《ほ》き解《ぐ》そうと勅使を遣わした。そして信長息女を人質として義昭に差し入れたことで、信長と義昭は和解した。

＊『信長公記』…信長寄りの記述!?

四月六日、義昭公が和談の意思あるとしても、信長公は御心にかなわなかったものの、代理（勅使）を通じて和談成立のご挨拶を義昭公に申し上げられた。

＊『大日本史料』――

四月七日、義昭、信長、勅を奉じて和す。

4. 天皇への生前譲位の奏上

一五七三年一二月八日、信長は、天皇に生前譲位（現・新天皇の退位と即位）なる奏上を、使者を通じて行った。その内容とは、信長は、天皇が労苦を押して重責を果されておられると案じ、そこで譲位される場合には、譲位に関わる式典などの費用を全て信長が用立てする旨をお約束された、というものであった。

それ故に、この奏上に得心された天皇の「多」とする勅書が下賜されたのである。こうした内容は以下（①〜④）の通り。

①信長の心配

本項i、の1．でも述べたが、当時、天皇の即位祝賀式典などには多額の費用が掛かり、特にこの正親町天皇は、一五五七年九月、後奈良天皇崩御の時に皇位を継承されたが、先帝の葬儀やご自身の即位に関わる式典費用（資金）が中々集まらなかった、という苦労経験がある。そしてこの信長が奏上した時の天皇は、宝算《ほうさん》五七歳で、当時とすればかなりの高齢でもある。その上、この年の正月および六月には、風邪などをこじらせて寝込み隔離されたという（参考『御湯殿上日記』）。

これらのことを勘案すれば、天皇は、隠居して余生を安楽に過ごしたいと思っても、「それには多額の費用が掛かるから、生前譲位もままならない」と心慮され、よって老身に鞭打《むち》ち公務に励んでおられると信長が思い詰めたわけだ。それ故に信長は、その費用全てを用立てるのでご安心されますように、と考え奏上したのである。

②信長の奏上内容…内容不明

その信長が奏上した内容とは、「一切の費用は、信長が面倒を見させて頂きますので、どうぞご安心してお体をお労《いた》わり、そしてその時が至れば、ご譲位を詔勅《しょうちょく》なされても宜しいのではないかと存じ上げます……」というものであったろう。

③天皇の勅書

この信長の奏上に対する天皇勅書の主な内容は、次の通り（参考『大日本史料』）。

イ．「譲位については、後土御門院以来の願望であり、朝家再興の時が至れり時と思ってもいるが、（その生前譲位についての費用の面倒を信長がみると言われたことを）頼もしく祝い（頼もしい家臣を持ったことを悦び）思し召し候……」

ロ．「（信長には）来春沙汰すべき旨を申し致すべし」

これは、天皇が立腹したというより大変悦ばれた内容なのだ。つまり、天皇が心慮していたことを信長が率直に奏上してくれたが故に、天皇は「よくぞ言ってくれた」「頼もしい家臣を持ったことよ！」「有り難いことよ……」と、その悦びの言葉を勅書として下された次第である。

④譲位についての天皇のお考え

但し、信長の奏上は年末であったことから、天皇は、皆と協議する時間もないので、本件は、③のロ．の通り、来春沙汰すると申されたのだ。しかし天皇としては、「布武天下」完遂後の「泰平の世」なる社会を天覧したいと深く心に秘めてもおり、したがって、今、心身ともに特段、譲位しなければならない状況でないと判断した為に、春過ぎても、皆と協議することもなく「そのままに」なったと考える。

※信長から天皇への譲位の強要は間違い!?

一部の論者は、右記のような状況認識もせず、単に信長が天皇に譲位を迫った、と強調する。さらには左記⑤の村井発言を受けて、尚一層「信長が執拗《しつよう》に天皇譲位を迫り再燃させた」、と言挙《ことあ》げる。だが、こういった右記の流れを理解し認識するなら、信長は天皇のご健康を心配こそすれ、端《はな》から「天皇に譲位を迫った」ということなど微塵《みじん》もなかった、と確言するものである。

⑤村井発言…「信長への沙汰」

一五八一年三月一二日、信長家臣で京都所司代・村井貞勝が、公家衆の集まりの中で、「ご譲位のことですが、（一五七三年一二月八日に奏上した天皇譲位に関しての）『信長への沙汰』は、どうなっているのでしょう？」といったことを言上した。このことに対して、（何のことか判らないから）皆が談合したという（参考『兼見卿記』）。

5. 信長への箔付《はくづ》けなど

①位階《いかい》・官職の拝受

信長が年々に拝受した位階・官職は次の通り。

・一五七四年三月、信長、従四位下・参議に任ぜられた（尚、同日、従三位に昇進）。

・一五七五年一一月、信長、大納言および右近衛大将に任ぜられた。その御礼として、天皇には砂金や巻物《まきもの》を献上するとともに、公家には領地を差し上げた。

・一五七六年一一月、信長、内大臣に任ぜられた。その御礼として、天皇には黄金二〇〇枚、沈香《じんこう》、巻物などを献上するとともに、公家には領地を差し上げた。
・一五七七年一一月、信長、従二位右大臣に任ぜられた。その御礼として、これまで途絶えていた宮中での節会《せちえ》を執り行う費用を献上した。
・一五七八年正月、信長、正二位に任ぜられた。

②信長の官職辞任…「布武天下」完遂への専念
一五七八年四月、信長は官職（右大臣）を辞任した。但し、位階（正二位）はそのままであり返上していない。

この官職辞任は、安土城完成（一五八一年九月予定）に比して「布武天下」の完遂が大幅に遅れており、よって「布武天下」の完遂に専念しなければ、との信長の一途な思いであったと考える。その辞任の奏上とは、次の通り。

「征伐の功、未だ終ってもいないので、任官を辞します。…但し、日本国を平定した暁には勅命によって任官しますが、（それまでの間の）主官職は嫡男・信忠に譲り与えて下さるよう、宜しくお願いします」（参考『兼見卿記』）。

※信長が将軍職を望んでいなかった理由――

イ．通説では、信長は、武家の頭領である将軍に成りたかったのだ、と弁別されている。果して、そうなのだろうか。そうであれば、次のような疑問が生じてくる。

a．信長が将軍職を欲していたならば、一五七三年七月、一五代将軍・足利義昭と戦い義昭を討ち破った時、足利幕府を終幕させる為に義昭を自害させるか、あるいは義昭の将軍職を返上させた上で追放する。そしてその後、信長は天皇から征夷大将軍を拝命するのが、自然の流れであろう。

しかし信長は、将軍職を保持したままの義昭を追放しただけであるから、将軍職を望んでいなかったと考える。

b．また右記a．以降、宮中名簿「公卿補任」に記載される将軍・源朝臣（足利）義昭の名についても次のことが推察されるのである。

追放された義昭は、信長が死後六年経った一五八八年に出家したことから、やっと将軍職を天皇に返上した（足利幕府の終幕）。だから、それまでの間、宮中名簿の将軍職欄には、毎々、義昭の名が記されているのだ。もし信長が本当に将軍になりたいと欲するなら、そんな公式の宮中名簿での義昭の名の存在は、信長心境として絶対に許せるものではない。であれば、信長武威によって一刻も早くその名簿から義昭の名を消し去ってしまおうと、信長は、天皇や公家に圧力を掛けるのが筋だろう。しかし、そうした動きもない。

これらを勘案すると、信長は、やはり将軍職を望んでいなかったといえよう。
それが故に、信長は前述の如くに位階・官職を拝受したわけである。

ロ．ここで、信長が将軍職を望んでいたと、よくその裏付けの引き合いに出される「官職辞任」と「三職推任」についても考察しておきたい。

a．先ず、一五七八年の信長の「官職辞任」についてであるが、仮に信長が将軍職に固執しておれば、それまで将軍以外の官職など絶対に受任することはないと考える。だが信長は、前述の如く次々と官職を受任してきたし、尚のこと明らかな理由を付して官職「右大臣」を辞任したのである。

そこで一部の論者は、「信長は、将軍職もくれない天皇に憤慨して官職辞任という暴挙に及んだ」と言うが、辞任した理由はそういうものでもない。

つまり、それは天下統一を急がねば、といった忠臣・信長の気持ちの表れである。とはいえ、もし信長暴挙と言うなら、信長は位階（一五七八年正月、正二位）も返上するだろうし、また左記④にも言うよう嫡男・信忠を始めとした家臣全員の官職・位階も返上する筈だ。

しかし、事実はそうでないことを考え合わせれば、論者が荒立てて主張する信長暴挙などと言うのは当らない。

b．次に、一五八二年の「三職推任」についてであるが、大方の論者がフロイスの弁「信長は、空恐ろしくも（全能なる？）神になろうとしていた」を真に受け止め、さらに左記9．の朝議「信長を太政大臣、関白、将軍のいずれかに任官させる」という「三職推任」のことも重く見て、畢竟《ひっきょう》「信長は、官職を辞した上で将軍になりたかったのだ」、と論を展開する。

果して、常識的に考えても「神になろう」とする人間が官職のほとんどの実権を有しているにも拘らず、さらに「将軍にもなりたい」、と欲ボケた筋違いなことを思い知るだろうか。このあまりにもスケールの違い過ぎ、および論理の矛盾、理不尽さに、唖然《あぜん》として言葉を無くすのである。

信長は、元々、天下統一まで官職就任を丁重にお断りしているのだ。これは周知の事実である。にも拘らず、信長が受任することもないこのような三職推任の話など、何ゆえに出てきたのか、である。それは、武田も倒した信長の計り知れない力に慄《おのの》く公家らが、信長の機嫌取りをして身の保全や地位の安定などを図る為に、朝議に付したものではなかったか。

またフロイスにしても、デウスを信じない信長を貶《おと》しめる為に信長を神化させてローマ教皇らを激怒させようと仕組んだ可能性もあり、そうした弁を鵜呑《うの》みにすることなくその真偽を検証する必要があるのでは……、と一存する。

以上、本書は、将軍以上の実権を持つ信長が通説に言うような「将軍になりたい」という考えなど、さらさら持っていなかった、と論断するところである。

③信長への「蘭奢待《らんじゃたい》」切り取り許可

一五七四年三月、天皇は、東大寺正倉院に厳封されている宝物で名木の蘭奢待を切り取るご院宣（許可）を、信長に与えた（尚、今日まで、蘭奢待を切り取った人とは、室町幕府・八代将軍足利義政、信長、江戸幕府・初代将軍徳川家康、および明治天皇は二回である）。

※蘭奢待の切り取りは、天皇の強力な信長支援では⁉

信長が横暴で天皇を蔑《ないがし》ろにしたから蘭奢待の切り取りを求めた、と論者らは主張する。そうであれば、公家らは「とんでもない信長暴挙」「天皇権威を傷付ける信長の横暴」と猛反対して、事前にそのことを彼らの日記や手記に記すはずだろう。だがそのような記録はない。すると公家に諮詢することなく、信長戦勝祈願を執り行ったり位階・官職を与えた天皇のご勇断などを鑑みるに、この「蘭奢待」を切り取らせることによって、殊更《ことさら》「信長は、ただ者ではない。足利義政を超えるほどの天下無双の凄《すご》い男である」「だから、信長と戦うでない！」と、世に強く認識させようとしたのではなかろうか。

つまりこれら天皇の一連の動きは、敵対する者に対し力の差を明らかに見せ付け、そして信長に、「布武天下」をやり易く、しかも早く成し遂げさせようとした天皇のご配意、ご支援だった……、と観察するものである。

④家臣の官職などの拝受

信忠ら家臣が拝受した位階・官職は次の通り。

・一五七五年七月、次の五人の信長家臣は、末代までの誇り「名誉」である位階や官職を、天皇より拝受した。

松井友閑…「宮内卿法印」、武井夕庵…「二位法印」、明智光秀…「惟任《これとう》日向守」（惟任とは、九州探題の意）、簗田《やなだ》左衛門…「別喜《べき》右近」、丹羽長秀…「惟住《これずみ》」。

・一五七五年一一月二一日、信長の嫡男・信忠は、二年前、武田に奪い取られ秋山信友が支配している岩村城を激闘の末、間一髪で攻め落としたのだ。この功績が認められた信忠（位階…正五位下）は、天皇より秋田城守兵の長官「秋田城介」という武門の名誉ある官職を拝受した。

・一五七七年一〇月一二日、信忠は、謀反を起し大和・信貴城に籠城した松永久秀父子を退治した功績で、天皇より「三位《さんみ》中将」に叙せられた。

6．荒木村重の謀反

①信長、村重征伐に出陣

一五七九年三月五日、信長は謀反を起して改心もしない荒木村重の征伐に出陣した。そして村重が立て籠る堅固な伊丹城を、信長軍が包囲し攻撃したものの、村重は頑として降伏もしなかったのである（尚、九月二日、村重は夜中に忍び出て尼崎へ移った）。

②天皇、「信長戦勝」のご祈願

天皇は、信長が村重征伐に出陣したとの内奏を受けた翌日、宮中内侍所で、「信長の戦勝」を祈願した。

＊『**御湯殿上日記**』――

三月五日、信長陣立ちとの沙汰あり。

三月六日、禁裏で五常楽、泰平楽なり。

7. 馬揃《うまぞろ》え

一五八一年正月一五日、左義長《さぎちょう》（どんど焼き）の行事で、信長は、安土の民衆を前にして、馬揃え（「泰平の世」を意識する絢爛《けんらん》豪華な軍事パレード）を催行した。

安土での勇壮華麗な出《い》で立ちの馬揃えがあった話を聞かれた天皇は、それを京都でも見たいと所望した。これを受けて、一五八一年二月二八日、信長は、御所の前に馬場や観覧席を作り、五畿内、近江、越前、美濃、尾張、伊勢などの武将らに公家衆も加わった千人ほどによる馬揃えを、天皇をはじめ宮中女御《にょうご》や公家、キリシタン宣教師（含む巡察師や黒人）、京都の民衆など多数を前にして披露した。

この馬揃えが素晴らしかったことから、「今一度」と、天皇や宮中の皆々のご希望もあって、再度、三月五日、信長は御所の前で馬揃えを催行した。

天皇をはじめ宮中の皆々も、前回と同様、大変楽しまれ喜ばれたのである。また万民は、天皇を遥拝《ようはい》できた喜びに加え、繁栄と「天下泰平」を感得、自ずと信長に手を合わせ感謝する次第であった（参考『信長公記』）。

8. 武田征伐

①信長の出陣

武田勝頼（一五四六〜八二年）が君臨する武田家で内部抗争の話を聞く信長ブレーンは、そこで武田を征伐しようと武田領（甲斐、信濃、駿河など）の四方から攻め込む作戦を立案し、その攻撃日を一五八二年二月一二日とした。そして南の駿河口からは家康、東の関東口からは北条氏政、北の飛騨口からは金森五郎八、西の伊那口からは、二手に分かれて信忠と信長が乱入するよう、信長命でもってそれぞれに通知した。

信忠は武田から寝返って来た木曽義政（妻は信玄の息女）の手引きで、家康は後に武田から寝返って来た穴山梅雪（母は信玄の姉、妻は信玄の息女）の手引きで、他の武将も甲斐や信濃にある武田の拠点を目指して、それぞれが一斉に四方から攻め入ったのだ。信長は、三月五日、先月の二月に就任した太政大臣・近衛前久を伴って出陣した。

武田の城が次々と陥落したことから、追い詰められた武田勝頼・信勝父子は、為す術もなく、三月一一日、天目山の麓《ふもと》で自害した。これによって、名門・武田は滅んでしまったのである。

②天皇、「信長戦勝」のご祈願

天皇は、信長が出陣した日から武田の滅亡を聞く三月一五日まで、宮中内侍所や石清水八幡宮で御法楽を献納するとともに「信長の戦勝」を祈願した。

＊『晴豊記』…初めて公家の史書に記された「信長戦勝祈願」——

三月五日、暁、信長陣立の由候、…八幡御法楽、百首御うた（歌）あり。信長祈祷なり。

三月九日、八幡御法楽うた進上申す也。信長陣立御祈祷なり。

三月一一日、信長陣御祈祷なり。

三月一三日、内侍所御楽有之なり。

三月一五日、御神楽定まるなり。

＊『兼見卿記』——

三月五日、未明、右府（信長）御出馬、近衛殿御出陣……。

三月八日、右府出陣御祈りのこと、……。

三月九日、当番也。御祈りの儀に参れず、……。

三月一一日、村井貞勝と面会、信州の儀、悉《ことごと》く相済み、…中将殿（信忠）自身一城高遠を攻め落とされ、武田信豊、仁科盛信以下討ち果たされ云々。…下御所に参り、右府の為に御祈祷、千返の御楽あり……。

三月一五日、御神楽の儀治まり定まるなり。

9. 三職推任《さんしきすいにん》について

一五八二年四月二五日、朝議で「信長を、太政大臣、関白、征夷大将軍のいずれかに任官させる」と決定し、信長の意向を聞く為に、女臈《じょろう》（皇后の次官）と中納言・勧修寺晴豊らが、五月四日、安土入りした。だが、この朝議決定に対する信長からの返答はなかったのである（参考『晴豊記』）。

※三職推任は、信長の機嫌取りでは!?

実力のある信長には、既に太政大臣や将軍以上の実権を有している、と考える。しかも官職は、前述の通り天下を統一するまで辞退する（但し、天下を統一すれば勅命によって拝受する）と言っている。にも拘らず、朝議でそのような三職推任を勝手に決めて信長を「公家の長」にも戴くという公家らの思惑とは、一体、何なのか。

一つには、信長が武田を滅ぼしたことで、信長の天下統一は、ますます現実味を帯びてきた為、公家らは「信長が天下を統一したら、我ら公家は、一体、どうなるのだろう?」、と集まっては嘆息を漏らしていたのではなかったか。また昔、「源氏でなければ将軍には成れない」と、公家らは熱《いき》り立って喚《わめ》いた時もあった。しかし公家らは、今は形振《なり》り構わず、平氏とか藤原氏の姓を名乗る信長に媚《こ》びては「身の保全」に「地位や生計の安定」を願ったのではないか。そしてその機嫌取りの最たるものが、この三職推任の提案（切り札）だったと推し量る。

それ故に、そんな事情（公家らの不安など）も知らない信長としては、こうした朝議決定の話に応えようもなかった、と論理を整理するところである。

10. 信長の葬儀（一〇月一一日〜一七日）

一五八二年一〇月九日、六月二日（新暦…七月一日）の「本能寺の変」で非業の死を遂げた信長の葬儀に先立って、天皇は勅使を遣わし、生前の信長の功績を称え、尚のことその死を悼《いた》む勅命を宣するとともに諡《し》号《ごう》などを下賜されたのである。

①天皇の勅宣（参考『織田軍記』『大日本史料』）

「一人扶翼《ふよく》（帝の思いを一人で叶えようとすること）の功を策し萬邦鎮撫《まんぽうちんぶ》（天下諸国の戦乱を鎮めて民を安《やす》んじること）の徳を数えず、寔《まこと》これ帝の重臣・中興の良士なりと思いしに、計らずも天運相極めて、これ命空を逝《い》きぬる。昨は、旌旗《せいき》を東海に輝かし、今は晏駕《あんが》を西雲に馳《は》す。ここに崇号を贈りて冥路《めいろ》を照らすことは、先王の令典、歴代の恒規《こうき》たり。故に、これを以って重ねて、太政大臣従一位に上げい賜う」

②天皇が下賜された諡号と贈位贈官（参考『織田軍記』）
天皇は、故・信長に対し、諡号「総見院殿贈大相国一品泰巌大居士《そうけんいんでんぞうだいしょうこくいっぽんたいがんだいこじ》」を授け、かつ「従一位太政大臣」を贈位贈官した（大相国＝太政大臣）。

ⅳ、結論「真相解明」

以上が、右記ⅲ、に掲げた史料関係や前掲その三、（布武天下の項）などから類推しつつ、天皇と信長が思い交わしたであろう内容をⅱ、の如くにストーリー化して、本論を展開した。だが中でも天皇が、他の誰にも為さなかった信長だけに専心して力添えされた事実（戦勝祈願、和解調停、相次ぐ位階・官職の授与ほか）などを鑑みるに、天皇は「泰平の世」の早期具現の為に、信長の「布武天下」完遂に大いに期待を寄せていたことが、（尚のこと信長葬儀の勅宣からしても）自然と読み取れるのである。

それ故に、「泰平の世」の具現を一心に願う天皇と、その願いを何としても叶えようと一人奮励する忠臣・信長の、肝胆相照《かんたんあいて》らすが如くの「密なる関係」を本書は強く思い知り、その関係を結論とした次第である。

ところで、取り分けて気になることがある。それは信長が出陣した時、天皇が「信長の戦勝」を祈願しているということだ。すると祈願された信長と戦う敵は、常に朝敵・国賊となっているわけである。しかし通説では、そう認識されているものはほとんどない。それよりも信長の好戦的な態度や貪欲《どんよく》な領土支配を指弾し、その上、惨忍で情け無用などと酷評していることは、即ち事実の把握を違《たが》えるとともに歴史認識を歪《ゆが》めているのではないか、と危惧《きぐ》するものである。

その五、安土築城の意図とは

天命成就時の天子祭天を挙行する祭場!?

絢爛豪華な「安土城」とは、信長が権力を誇示し皆々を威圧する為に築城したものだ、と通説は言う。そうであれば、何ゆえに、かような人里離れた辺鄙《へんぴ》な場所である安土を選び、かつ城塀のない防備も劣る城を築いたのだろうか。そして天守閣にしても、上層部と下層部の絵図の構成など明らかに異なるし、まして何故か、多くの聖人・賢人の絵を配している。また天皇御殿は三国の絵を描き、さらに光煌《きらめ》く黄金を鏤《ちりば》めてもいる。

そこには何か秘された築城ストーリーが存するのでは、といった疑念を抱いたことから、本書はこれを「信長の七不思議」の一つとして掲げた。

i、安土築城の構想

1．大乱への憂慮

①将軍、殺害される

信長が美濃を攻略していた一五六五年五月、京都では予期せぬ大事件が勃発した。それは一三代将軍・足利義輝が、三好長慶《ながよし》や松永久秀らによって弑《しい》されたのである。政変の起った天下は、一段と騒然、擾乱《じょうらん》化し混迷を深めた。

②沢彦の話

古代中国の天道思想や故事に明哲する政秀寺の住持・沢彦は、こうした天下大乱の事態を憂えて、信長に次のような内容を語った。

「中国では、こういう大乱の時こそ、天（天帝）から命を授かった天子がこの世に現われ『泰平の世』に導いていくのだ、と伝承されております。そして『泰平の世』に成せば、そのことを慶祝して霊獣（麒麟《きりん》、鳳凰、竜、亀の四霊を言う）が、ここにもあすこにも出現して来ると言うのです。

言い換えますと、かような『泰平の世』を具現し得る者とは、天上・天下を絶対支配する天帝の命（天命）を授かった天子だけなのです。その天子がこの世に現われますと、一天万乗の勢い（戦車一万輌という桁外れの戦力）でもって活躍されますから、あっと言う間に戦争などがなくなり、その上、人々が無限の慈愛と恩徳を享受する治世を執り行いますので、この世には天上と同様の誠に目出度い穏やかな『泰平の世』が到来する、と確言されているところです。

こうして『泰平の世』に成したことを天帝に必ずご報告するのが祭典で、この祭典を主宰《しゅさい》する者は、当然、天子に限られているわけです（天子祭天）。天子から天命成就の報告を聞く天帝は、大変お悦びになられ、天上に棲む多祥吉事《たしょうきちじ》の四霊をこの世に遣わすのだ、と伺《うかが》っております。

故にその四霊がこの世に出現しますと、その四霊の力量や役割によって末永い『泰平の世』が約束されると理解されているのです。因みにその四霊のそれぞれの及ぼす力量や役割が、どういうものかと言いますと、

・〔麒麟〕は、地を駆け空を舞い飛んでは、天下の隅々にまで仁を行き渡らせ仲睦《なかむつ》まじい〔鳳凰〕は、空を舞い飛んでは人々の心を和《なご》ませ安らかにし
・鋭い眼《まなこ》や尖《とん》った爪を持つ怖ろしい〔竜〕は、春になると昇った大空とか秋になれば降りた池の淵などから邪《よこしま》な心を持つ人間に睨《にら》みを利《き》かせて威嚇し
・〔亀〕は、大地の至る所に恵みや豊かさ（福寿、豊穣《ほうじょう》）をもたらしてくる

というものでしょう（参考『詩経』『説文』『大漢和辞典』など）。

尚、四霊とはどういうお姿かと申し上げますと、奈良・正倉院に、中国から伝来してきた『紅牙撥鏤撥《こうげばちるのばち》』『沈香金絵木画水精荘箱』には麒麟が、『金銀平文琴《ひょうもんのきん》』には竜と鳳凰が描かれております（参考『正倉院宝物―北倉』）。

残念ながらそこには亀の絵はございませんが、亀趺《きふ》（碑の台石）や亀紐《きちゅう》（玉印判のつまみ）などで、よく見かけるところです」

かような内容の沢彦の話を聞きながら、信長は黙考した。もし麒麟などがこの世に現れて来るならば、それは「人々が和し悪も蔓延《はびこ》らず仁政も行き届き、しかも自然の恵みを享受した豊潤な国家社会になる」、ということが約束されるのだ。

つまりこの日本国が「泰平の世」を迎えて、その慶祝に四霊が現われれば、「日本国は末代まで戦争もなく平和に存続し繁栄していく道筋が、自動的に定まって行くことになる」、と信長はその理《ことわり》を纏めていくのであった。

③「麒麟」出現への思い

そこで信長は、一刻も早くそうした「泰平の世」なる社会が到来し麒麟が現れることを念じ、一五六五年五月を過ぎて、仁獣と言われる麒麟の雌《めす》である「麟」という字を書状の花押《かおう》とした（参考『花押を読む』）。尚、麒麟の雄《おす》は「麒」という）。

即ち信長は、こういう大乱の世こそ、尚一層、麒麟が現れるような仁慈の行き届いた国家社会にしなければ……と、その強い思いや期待を花押に認《したた》めた由である。

2. 安土の選定

①祭場《さいじょう》の検討

ところで、一五六八年一〇月二二日、信長が天皇に奏上した「泰平の世」到来時に執り行う荘厳な儀式「天帝へのご報告」について、天皇も「我が代で、何としても天命を叶えた時の天帝へのご報告『天子祭天』を、目出度く立派に執り行いたいものよの……」（参照「本章その四、ii、1．の③」）と、力強く仰せになられたのである。

このことを受けて、信長はこれを執り行う祭場設置場所の選定や祭場の構成などの検討を天王坊に命じた。その検討する統括者には天王坊の住持、そのオブザーバー役には中国故事に明哲する政秀寺の住持・沢彦とした。

②祭場地の選定

天王坊の住持らは、「泰平の世」の到来時、天皇が天帝にご報告されるに相応しい、この世で最も荘重な地をいろいろ物色し篩《ふるい》に掛けて選別してきた。そして一五七〇年二月、その祭場の地が、安土山（旧名…目賀田山）と決定した。

安土山とは、琵琶湖に面した亀のような形をした小高い丘で、山頂は、多少急でもあるが、平地から凡そ一〇〇《メートル》ぐらいの高さである（参考『城と湖と近江』）。

選定の基準となったのは、やはり、聖なる所、仏教に言う西方浄土《さいほうじょうど》が実感できる所、中国史書に言う四霊（麒麟、鳳凰、竜、亀）が住み易い活動し易い野山や湖のある所、日本の何処からでも見学（参詣）に来れる中心的な所などである。

そしてこれらを合わせ持った荘重で風光明媚《めいび》な場所などを協議して選ばれたのが、安土山であった。そう選定された安土山とは、次の通り。

イ．古くから「神の山」と崇《あが》められている（参考『織田信長と安土城』）。

ロ．西には、沖島や竹生島《ちくぶ》も浮ぶ雄大な琵琶湖が広がり、その琵琶湖越しに比良山や霊場・比叡山が聳《そび》え、南には「近江富士」と呼ばれる三上山などがあって、また入江での舟の出入りに山間《やまあい》に響く鐘の音、さらに夕映えが重なった時のその絶美や壮観さは、正《まさ》しく神々《こうごう》しい西方浄土の情景を醸《かも》し出している。

ハ．天上から慶祝の為に四霊がこの世に現われ移り住んでも、麒麟と鳳凰には、地を駆ける平地や天空を飛んだり木々に止まったりする小山などが近隣に沢山あり、竜には、天空に昇ったり池の淵に潜《ひそ》むことができる湖沼《こしょう》もあり、また亀にも、活動し易い水辺や平地が存分にある、といった広々とした琵琶湖や近江平野に面している。

ニ．尚、琵琶湖の南（現在の栗東市）に「綣《へそ》」という地名もある通り、この地域は日本の軸、中心と見られ、しかも東西南北、人々が集まり来る陸上や湖上の交通の要衝《ようしょう》でもある。

※安土とは、往来も便利な日本の中心!?

安土から、西の都市への凡その距離は、大津三〇キロメートル、京都五〇キロメートル、大坂八五キロメートル、堺一〇

○キロメートル、明石一三五キロメートル、南東へのそれは、岐阜七五キロメートル、清洲一〇〇キロメートル、岡崎一四〇キロメートル、北へのそれは、敦賀七五キロメートル、北の庄一三五キロメートルである（参考『織田信長と安土城』）。またこの地域は、人の往来も琵琶湖で船舶を利用した大量輸送も可能で、その上、冬の積雪も少ない所、と言われている。

加えて、安土山に祭場を造営するならば、その麗容は、街道や琵琶湖上の船あるいは琵琶湖の対岸（湖西）など何処からでも清覧できようし、またその祭場への参詣や見学に多くの人が集まって来ようとも、宿泊を受け入れるに相応《ふさわ》しい機能的な新造の街も築けよう。すれば「ここ安土なら何もないから、山上・山下、一から同時に一体開発が可能」といったことも、選定者の評価を得たわけである。

③古代中国に言う祭場などについて

それでは、その安土山にどういった祭場（以下、安土城）を造営するのか、さらに、天皇が天帝にどのような形で報告するのか、等々について皆で議論した。

尚、議論するにあたって、沢彦は、これまで語ってきた古代中国で伝承されている天道思想や故事などを、改めて次のように語った。

「天（天帝）とは、人間の智力を遥かに超越した〝天の法則（天道）〟に則《のっと》って、天上・天下（森羅万象）を寸分も違わずに動かし、しかもその三世《さんぜ》（過去、現在、未来）を支配し、尚かつ全ての事象や現象の因果をも見通すとした、無限にして無尽蔵《むじんぞう》なる通力を有した不可視な存在なのである。

ところが、この地上界が戦乱などで変乱し大混迷すると、天帝は、『平和で豊かな世』（『泰平の世』）を一刻も早く築け、と天子に命ぜられるのだ（天命）。その天子がこの乱れた地上界に現れ、一天万乗の勢威でもって臨めば、すると如何に広大な国土であっても、瞬く間に戦争をなくし秩序を正し社会の安寧《あんねい》を保って豊穣を成すことで、『泰平の世』がもたらされてくるのだという。

留意すべきは、天子とは天帝のご加護を受けた『天意の具現者』であるから、誰人たりとて天子に取って代わることなどできない、ということだ（宝祚《ほうそ》）。

こうして崇高な天命を授かった天子が『泰平の世』を具現させると、天子は、この地上界を代表して『天命を立派に叶えました』、と天帝にご報告するのである（天子祭天）。この報告を受けた天帝は大いに悦ばれ、その天命成就を祝福し恒久平和と繁栄を約束する為に、天上に棲む祥瑞《しょうずい》の麒麟や鳳凰などの四霊をこの世の地上界に遣わすのだ、と言われている。

また有徳者である賢人、聖人とは、明智盛徳を具備した千里眼的な能力を有し、生の時には、天帝と人間の間に位置して『天の道』を説き、死すれば、『天（宇宙）の真理と一体』であるが故に、天帝の左右に列する尊賢となる、とも聞き及ぶ。

尚、『泰平の世』を成さんとする天子に、その思いを同じくする日本の天皇を置き換えても、『天意の具現者』として、それは歴史的に見ても何ら異論はない」

ⅱ、安土城の具体的な設計

この沢彦の話を参考にし、また皆の活発な意見を集約しながら、天王坊の住持は、安土山に造営する建物とか、その内部構成などを、以下のように提案した。

①天守閣…地上界から天上界の天帝に繋がっていく建物

先ず、天皇がどのような方法で、天上におられる天帝へご報告されるのか、である。

イ．天帝とは、天上・天下（森羅万象）全てを絶対支配しているのだ。すると天上・天下を模《も》した建物も天帝の支配下となる。ならば、これまで仏教、儒教、道教などを究めた賢人や聖人（いわゆる、天帝の左右に列する尊賢）をそうした建物の最上階などにお守り配すれば、その上空や周辺は天上界と見られ、そこには不可視ではあるが、天帝の耳目がある、ということになろうか。

つまり天帝の耳目に繋がる建物を通じて、「天意の具現者」である天皇が「泰平の世」に成したという天命成就をお伝えご報告すれば、天帝は、それを必ず聞き入れてくれようや。そうであれば、天帝の左右に列する尊賢をお守りするその建物は、「天守閣」と名付けよう。

ロ．この天守閣が天帝の耳目に少しでも近付くよう、地上界で最も高い奈良・東大寺の高さ四八メートル《メートル》（参考『東大寺図鑑』）をも凌《しの》ぐものと考えるならば、その高さは、石蔵一二間、その石蔵の上の建物一六間の計二八間（五〇メートル《メートル》強）となろうか。そうすると天守閣とは、例えば五階七層建てとし、安土山の高さの半分が、さらに天に向かって聳えるものとなる。然らば、地上界から天上界の「天帝の耳目」に繋がる天守閣とは、いわば天上・天下の様相を合わせ持つ荘厳な世界観を具備したこの世の粋を集めた壮麗雄偉な建物としなければなるまい。

そう考えると、天守閣の二層～四層の部屋（結果的には三七室、一室の平均はほゞ一〇畳未満）には地上の楽園を表現する松竹梅、花鳥風月などを、五層の部屋は天上・天下の境目で渾沌《こんとん》としているから何もない空間とし、六層～七層の部屋には、内側などを金箔で仕上げた上で、天上界を表象する天人や天帝の左右に列する釈迦とか孔子らに関する賢人・聖人の存在感を示したご遺徳などを、襖や障壁に正しく描写することとしよう。それから、天上よりこの世に出現する四霊の内の鳳凰や竜なども描いておこう（参照「左記ニ．の＊欄」）。

※四霊出現への思い——

四霊とは、前述もしたが、天上からこの世に出現すると言う麒麟、鳳凰、竜、亀である。麒麟は、信長が花押として書したし、鳳凰と竜は、天守閣に描かれた。しかし亀が見当たらないのだ。

そこで考えられるのは、亀は、周りに竜も彫られた「布武天下」の朱印判のつまみ（亀紐《きちゅう》）であったとか、天守閣にさりげなく描かれていたものの、『信長公記』では記載漏れになったのでは、と推察する。いずれにしても、「泰平の世」への強い思いが信長らにあった事実を知るところである。

ハ．尚、仏法に言う世界観として、宇宙の中心を顕わす須弥山《しゅみせん》の考えを取り入れた宝塔を一層の石蔵の中に設置しておこう。そうすると天守閣そのものは、五山文学の求め究める仏教、儒教、道教の三大思想の根本を抱合（三教一致）した秘なる（四次元の）世界となろうか（参照「左記ニ．の＊欄」）。

ニ．ならば天守閣とは、天帝の耳目に通ずる神聖な秘なる場「世界」であるからにして、造営中であっても汚《けが》れなきよう完全に封鎖し非公開としよう。

※『信長公記』以外に天守閣内部を記した書などがない怪!?

安土城には、多くの人々が訪れ、その素晴らしさなどを記している。ところが、筆にも忠実《まめ》な公家衆や宣教師のフロイスにしても、また細川藤孝や秀吉、家康らも天守閣を見学したというものの、しかしながらその興味ある天守閣内部を記したり描いたりした書や絵図などが、一つも見当らないのである。

すると天守閣を目の前で見上げて称賛したかも知れないが、誰も天守閣の内部を拝覧した者がいないということになる。そうだとすれば神聖な天守閣は、造営中から、また完成後であっても封鎖され非公開であった……、と了察する。

＊『信長公記』…安土城・天守閣（七層）の主な絵図など——

・一層目…石蔵で、金灯篭（宝塔？）あり。

・二層目…梅、遠寺晩鐘、鳩、鵞鳥《がちょう》、雉《きじ》、中国の儒者、その他多くの絵。

・三層目…花鳥、麝香《じゃこう》鹿、牧馬、賢人（伯夷《はくい》と叔斉《しゅくせい》）、仙人（呂洞賓《りょとうびん》と傅説《ふせつ》）、西王母《せいおうぼ》の絵。
・四層目…岩と木、竹、松、竜虎の戦い、桐と鳳凰、手毬《てまり》桜、鷹、聖人（許由《きょゆう》と尭帝）、隠者二人の絵。
・五層目…絵はなし。
・六層目…釈迦の十大弟子たち、釈迦の説法の様子、餓鬼や鬼ども、鯱《しゃち》や飛竜の絵、擬宝珠《ぎぼうし》の彫り物。
・七層目…上り竜、下り竜、天人の姿、中国の三皇・五帝、孔子門下の十哲、商山の四賢人、竹林の七賢人の絵、火打金や宝鐸《ほうちゃく》の飾り物。

②天皇御殿…天帝へ天命成就を報ずる建物

次に、天上界の天帝へご報告する地上界の天皇の場である。

イ．天皇がご報告する場は、この世（三次元の地上界）であり、かつこの世を代表する建物でなければならない。そう考えると、秘なる世界の天守閣とは別個、別物の建物となる。ならば、この建物を「天皇御殿」と名付けよう。

ロ．天皇御殿は天守閣に向かって造営し、さらに天守閣と真正面に対峙《たいじ》する座敷「御幸《みゆき》の間」を設《しつら》え、その中央に「天皇御座《ぎょざ》」を配しよう。

ハ．したがって、天守閣に向かって大きく開け放たれた「御幸の間」は、桁外れの国土を統治する一天万乗の如くの天皇勢威を顕わすのに相応しいよう、この世の情景を反映した四方《よも》の景色とか三国（天竺、中国、日本）の選《よ》り抜かれたそれぞれの名所などを襖や障壁に描き、尚のこと天皇がお座りになる「天皇御座」周辺は、眩《まばゆ》い限りの光り煌《きら》めく黄金を鏤《ちりば》めようではないか。

ニ．そして天皇が天帝にご報告する儀式での御宣言ではあるが、「天皇御座」に座した天皇が天守閣に向かって、厳《おごそ》かに、しかも声高らかに、

「平和が到来し、万民斉《ひと》しく無限の慈愛と恩徳を享受する国家が誕生致しました。二度と戦争などが起らないように、また幾久しく栄えますように……。何卒、ご加護を……」

と宣すれば、天守閣上空などに耳目がある天帝は、この「泰平の世」に成した報告と、「恒久平和と繁栄」への願いを同時に聞き入れてくれようや。すると沢彦の言うように、天上に棲む麒麟などの四霊が、恒久平和と繁栄を叶える為に一斉に安土の周りに現われて来ようか。

③信長の館《やかた》と総見寺《そうけんじ》

ところで、その重要な天守閣や天皇御殿などを守護することも考えねばならない。

イ．天皇に忠義を尽くす信長は、その大事な任務の一つに、常時、天守閣と天皇御殿を警護しなければならないのだ。そこで天皇御殿の隣に、玉石をとぎ出し瑠璃《るり》を並べ敷いた信長らが定住する御座所《ござしょ》「信長の館」を建てる。

＊『フロイス日本史』…華麗な天皇御殿と質素な信長の館――

信長は、この城の一つの側に廊下で互いに続いた、自分の邸《やしき》とは別の宮殿を造営したが、それは彼の（邸）よりもはるかに入念、かつ華美に造られていた。

ロ．加えて安土山全体をあらゆる災禍からお守りするには、諸仏のご加護が絶対に必要なので、諸仏を安置し安土鎮護をお祈りする寺「総見寺」を建てる。

ⅲ、安土築城と城下町の開発

1. 開発の手順やスケジュール

神聖な天守閣は、最重要な建物であるから、管理や警護も疎かにできないのだ。そこで、先ず信長の館と天皇御殿、それに総見寺を造営し始め、信長の館が完成し信長がそこへ移り住んでから、信長警護の下で天守閣を造営することとする。

そして公家や大名らの宿所（宿坊）は、天守閣への参道沿いなどに、信忠、秀吉、家康、松井友閑ら歴々に邸宅を築かせ、時にその邸宅を宿所として開放させよう。

また安土の街造りは、街路の拡幅や船着場の整備など区画整理を施した上で、家臣らの住居（下屋敷《しもやしき》）、寺、町家、旅籠《はたご》などを建設していこう。

以上、これらの提案に皆の異論、反論もなかったので、これで全体像が決定した。

尚、天守閣や天皇御殿に描く襖絵《ふすまえ》などの下絵については、天王坊の文芸僧、画僧らと狩野派の絵師が、京都などの社寺の本堂や書院に描かれた著名な絵図とか、中国史書（含む、正倉院の宝物とか京都五山の書）に登場する賢・聖人の遺徳を描いた絵図などを参考にして事前に作成することとした。そしてそれらのでき上がった下絵を見比べ検討しながら、建物の間取りなどに合わせた配置を取り決め、その後、狩野派の狩野永徳らが、その下絵を基に襖や屏風などへ一気に描いていく手順とした。

それから工事の開始は、一五七〇年五月吉日と定めた。

2. 工事開始にあたって

①棟梁《とうりょう》や一級の職人などの手配

右記1. に言うよう、祭場としての安土城の全体像や工事開始日などが決まったことから、棟梁格の岡部又右衛門（大工）や狩野永徳（絵師）、およびそれぞれの工事に携《たずさ》わる多くの土木工事や作事（建築）の人夫、職人ら（石工、木工、瓦工、番匠など）を、各地から召集する為、信長らの命でもって、順次、手配し通知した。

②奉納相撲

一五七〇年三月三日、信長は、安土の常楽寺で近江の国中の相撲取りなどを集めて相撲大会を盛大に催した。集まって来たのは、相撲取りに加え、力自慢の浪人、僧兵、百姓、職人、町人らで、また見物人も数え切れなかったという（参考『信長公記』）。

これは奉納相撲であり、築城など工事開始にあたっての安全を祈願する「お清め」「露払い」であった。

※信長と相撲――

信長は、これ以降、工事などの安全を祈願する為か、こうした盛大な相撲大会を、事ある毎に開催するとともに、その優勝者などを家臣に登用していったのである。これは慶事であり、かつ努力する者への出世登竜門にしたと見る。

3．安土城築城などの記録一覧

①管理・監督者の任命

一五七〇年五月一二日、街割りや道路・港湾の整備、職人らの宿舎建設、さらには安土山の開削《かいさく》・整地施工、また天皇御殿や信長の館、総見寺、武将らの邸宅などの造営工事を始めるにあたって、信長は中川八郎右衛門を、安土の警護、職人たちの食糧調達、資材の調達など、全てに亘る工事の管理・監督の責任者に据《す》えた。

②史料にある記録

右記①以降から完成に至るまでの工事の進捗状況や関連する特記事項などの記録は、次の通り。

【天守閣の造営命令】

・一五七六年正月中旬……安土城天守閣の造営を惟住（丹羽）長秀に命じる。尚、その普請奉行は木村二郎左衛門とした。

【信長の館、および武将らの邸宅（宿所用）が完成】

・同　年二月二三日……信長、安土に居城を移した。公家ら多数が安土を訪問。

・同　年四月一日……一万余人が繰り出し、安土山へ石を引き上げた。

・同　年七月一日……天守閣の基礎工事完了。この工事に貢献した者に、信長は数え切れないほどの金銀や唐物を差し上げた。

・同　年一〇月頃……資材などの運搬や見学、参詣人の搬送にと、高速貨客船一〇艘《そう》を琵琶湖に配備した。

【安土街並みのほゞ完成】

・一五七七年六月…………安土山下町に楽市令の発令。
・同　年　八月二四日…天守閣の柱立（参考『城と館』）。
・同　年　一一月三日…天守閣の葺《ふ》き合わせ（参考『城と館』）。

【天皇御殿の完成】

・同　年　一二月末頃…天皇御殿の完成と見る。それは年明けの年賀に来た武将らが、この天皇御殿を見学したというからである。
・一五七八年正月一一日…近衛前久《このえさきひさ》、安土城内の松井友閑邸に宿泊する。
・同　年　正月二九日…安土での小火《ぼや》騒ぎを調べると、信長家臣の単身赴任者が一二〇人もおり、急ぎ皆、妻子を連れて来させた。
・一五七九年正月一一日…信長、堺の豪商・津田宗及を天守閣に案内する（参考『織田信長総合事典』）。この宗及の話などが『信長公記』に記されて紹介された可能性も否定できない。
・同　年　五月一一日…信長、天守閣に上る。
・一五八〇年五月七日……安土の交通網が整備され、船着場や街路も完成した。

・一五八一年四月頃………安土の街並みは一里の長さに及び、その住民は、六千人を数えた。

【総見寺の完成】

・同　年　七月一五日…盂蘭盆会《うらぼんえ》で、天守閣、総見寺に多数の提灯を吊り下げた。

【天守閣の完成】

・同　年　九月八日……安土城天守閣の造営に貢献した狩野永徳、岡部又右衛門らに、信長は小袖など多数を差し与えた。

＊『フロイス日本史』…安土の実景と安土城について――

街路は甚《はなは》だ長く広大で、日に二～三度清掃されている。その上、人々の雑踏、風評、各国からその政庁に集まった貴人たちの去来、この建築の名声と高貴さに惹《ひ》かれて、（陸上と湖上の交通網の整備によって）遠方から見物にきた多数の訪客、男の被《かぶ》り物をつけた女たちが、毎日、そして（治安も行き届いているから）夜分にも集まってきた。…見る者に大いなる驚嘆の念を起さずにはおかぬものがあるように思えた。

iv．史料に見る安土城

①天皇御殿について

一五七七年末頃、天皇御座のある「御幸の間」などを設えた天皇御殿が完成した、と見る。一五七八年正月、年始に安土を訪れた五畿内（山城、摂津、和泉、河内、大和）、若狭、越前、尾張、美濃、近江、伊勢などの武将らは、茶を飲み三献の酒盃を上げ、その後、目も眩《くら》むばかりの天皇御座のある御殿から信長御座所（信長の館）を見学、狩野永徳に命じて濃絵《だみえ》に描かせた三国（天竺、中国、日本）の名所図などさまざまな名品を見ては、「その見事さは、言葉では言い尽くすことができないほど感嘆した」という（参考『信長公記』）。尚、同種の内容としては左記⑥の二．参照のこと）。

②屏風絵「安土城図」について

一五八〇年八月一三日、天皇は、信長が持参した屏風絵「安土城図」（西洋の斬新《ざんしん》な鳥瞰図《ちょうかんず》のようなもの？）をご覧になられたのである。そしてその翌日の一四日、勅書（内容不明。ご所望《しょもう》のご意思？）が信長に下されたという動きがあった（参考『御湯殿上日記』）。

さて一五八一年四月、巡察師ヴァリニャーノが、帰国するにあたり信長に別れを告げようと安土へやって来たのである。すると信長は、親愛の情を示す為に信長も気に入っていることの「安土城図」を、ヴァリニャーノにお土産《みやげ》として差し上げたのだ。

この「安土城図」とは、信長が安土城を中心に配した安土の街を、その地形、湖、邸、街路、橋梁、その他万事、実物通り寸分違《たが》わぬように描くことを、日本で最も優れた職人（狩野永徳？）に命じて作らせた、という傑作絵なのである。これを貰ったヴァリニャーノは、信長に次のように返礼した。

「安土山（日本）に関しては、言葉では容易に説明しかねることを、この絵画を通じて、シナ、インド、ヨーロッパなどにおいて紹介できるので、他のいかなる品よりも貴重である」

そしてヴァリニャーノは、帰路、天皇も欲しがったというこの屏風を、安土、京都、堺、豊後の教会で展示した。そうすると、この屏風絵を男も女も自由に見ようと集まってきた人々の数は、頗《すこぶ》る多かったと記す（参考『フロイス日本史』）。

尚、この「安土城図」は、一五八二年正月、日本を出航した天正遣欧使節団によって、一五八五年四月三日、バチカンのローマ教皇に献上されるとともにベルヴェデーレの「地理画廊」に陳列されたという（参考『天正遣欧使節』。但し、今日、その所在などは定かでない）。

③総見寺の完成

一五八一年七月一五日（旧暦の盂蘭盆会《うらぼんえ》の日）、信長は、安土城天守閣および総見寺に提灯《ちょうちん》を数多く吊《つ》るさせ、家臣のお馬回り衆らが手に手に松明《たいまつ》を灯《とも》して船を浮かべたのである。城も城の下も輝き水に映《うつ》り、何とも表現しようのない風情《ふぜい》のあるありさまで、見物の者も多数集まった（参考『信長公記』）。

この盂蘭盆会とは、死者の冥福《めいふく》をお祈りする精霊祭であるが、城内で造営中の総見寺が完成した祝賀も兼ねて、信長は盛大にこれを執り行った、と考える。

④フロイスの見た安土

当時の安土や総見寺について、フロイスは次のように述べた（参考『フロイス日本史』。尚、左記ハ．の内容が信長を「予自ら神体」として神化させたと言われている）。

イ．安土の街は一里の長さに及び、その住民数は、話によれば、六千人を数えた。

ロ．安土城は、日本で最も気品がある。
ハ．（日本の史書にはないが）総見寺に立てられた制札には、「礼拝すれば、富が増し、子孫と平和が得られ、八〇歳まで長生きし、信じれば望みが叶《かな》い、信じない邪悪《じゃあく》の徒《ともがら》は何時か滅亡する。故に万人は、大いなる崇拝と尊敬を、常々これに捧《ささ》げることが必要である」（要約）と記されていた。

⑤天守閣の完成

一五八一年九月八日、安土城・天守閣が完成したことから、信長はその造営に貢献した絵師の狩野永徳や大工の岡部又右衛門などに、小袖《こそで》など多数を差し与えたのである。拝領したいずれもが、有り難く思い感謝したという（参考『信長公記』）。

⑥安土城での年始

一五八二年正月一日、隣国の大名や一族郎党は、新年の挨拶に安土城へ赴いた。その時の状況は次の通りである。但し天守閣内部の拝覧がなかったことは、やはり天守閣は、右記「ii、①ニ．の※欄」に言うよう封鎖され非公開であった、と慮る。

イ．その賑《にぎ》わいは、ごった返して死者や怪我《けが》人も出た。
ロ．この度の年賀には、（何故か）百文銭持参とお触れが出ている。
ハ．天守閣の白洲まで参上すると、信長は皆に言葉を掛けた。
ニ．その後、それぞれ各建物を見学したのである。江雲寺御殿（六角定頼を祀った所）のお座敷は全て金を鏤《ちりば》め、どのお座敷にも狩野永徳に命じ、その名所の写絵は、四方の景色に優れ、山海、田園、村里などの風景の面白いことは筆舌に尽し難い。

それから申すのも畏れ多い一天万乗の帝の御座である御殿（天皇御殿）へ召されて拝覧できたことは、誠に有り難く、この世の思い出となった。廊下で繋がった「御幸の間」は檜皮葺《ひわだぶ》きで、装飾の金物が日に煌《きら》めき、殿中は全て金が鏤められ、金具は斜粉の黄金で、地金は唐草模様を彫り、畳は備後産の表で青い縫い目があり、縁は高麗《こうらい》縁などである。正面から二間奥に「天皇の御座」と思われる御簾《みす》の中に一段と高くなった所があり、そこは金で飾られ光り輝くばかり。薫香が辺り一面に良い香りを漂わせ、誠に結構な所であった。

ホ．見学した後、「お台所へ参れ」とのことで行くと、信長は馬屋の入口に立って、百文銭ずつのお祝い銭を忝《かたじけな》いことに直接受け取られたのだ。そして後ろへ投げられたのである（参考『信長公記』）。

※百文銭の怪!?

右記ホ．の信長の様相は、何かコミカルであるが、真実は次に言うような内容ではなかろうか。

信長は、キリシタン宣教師が語ったことを覚えている。それは、「ヨーロッパの教会とは、信者の尊い浄財などによって建てられ運営され、そして皆が集《つど》う所だ」ということである。

そこで信長は、ヨーロッパの教会をも凌《しの》ぐこの祭場・安土城を、信長私物とすることなく、皆の善意、厚志によって建てられ運営され、そして皆が自由に出入りしては喜んで集う所の共有建造物としたかったのではないか。だから安土城には、最低限の守りとして天守閣最上層に矢や鉄砲を放つ為の鉄の狭間戸がある（参考『信長公記』）くらいで、城塀などは造らなかった、と類推する。

したがって信長は、各武将らから一人ずつ一律百文銭（現在換算…一万円？）を浄財として手を添え感謝し有り難く受け取っていった、と視座するところである。

V、結論「真相解明」

以上が、今日でも謎のベールに包まれた安土築城の意図とか様相であった、と思い致すところである。こう思い至った切っ掛けは、実は麒麟なのであった。

それは安土城の築城意図を考えている時、信長が花押とした麒麟が何か関係あるのではないかと直観した。そして中国通の沢彦の言う「撫育民姓国家」「岐阜」「布武天下」に時代の〝うねり〟である「泰平の世」への渇望などを重ね合わせていくと、古代中国で伝承されている「乱世、戦乱の世」、天帝、天子、四霊などが連想されてきた。

これらを史実に則りながらストーリー化していくと、そこには、現代では推し量ることのできない古代中国のファンタスティックな考えや祭典などが次々と脳裏を過《よ》ぎったのである。

そこで本書は、古代中国の思いを重ね合わせて、即ち「布武天下」完遂後、「撫育民姓国家」が実現し「泰平の世」が到来した時、天皇が万難に打ち勝って天命を叶えたことを天帝へ報告する為に、その儀式を執り行う荘重な祭場として、この世を代表するに相応しい建物・安土城を信長が築いた、と結論付けた次第である。

（『本能寺と信長』より）

その六、叡山焼き討ちとは

⇩

信長は叡山を霊場に復させた功労者⁉

信長の「叡山焼き討ち」とは、非道にも、叡山（比叡山）のほとんどの建物を焼き尽くし、しかも何千人もの僧侶や女子供を惨殺した、と通説に言う。

しかし叡山には、そんな修羅場と化した生き地獄を伝える生々しい恐怖の絵や手記もないし、墓や供養塔などもない。また叡山では今日まで殺戮された僧らの法要すらも行われていないのだ。さらに……、である。叡山が調査した報告書によれば、主要な宗教施設から信長が焼いたという証拠なる痕跡が見付からない、と記述されている。

すると、通説に言う「叡山焼き討ち」は何か間違って伝承されているのではないか、と疑念を抱いたことから、本書はこれを「信長の七不思議」の一つとして掲げた。

i、叡山の役目は「王城鎮護」

1. 事件の発端

一五七〇年八月、信長軍は大坂の三好勢と戦う中で、九月一〇日、大阪石山本願寺が三好勢に味方しその主力部隊である鉄砲隊・紀州の雑賀衆が参戦して来た。信長軍は、この鉄砲隊の洗礼を受けて苦杯を喫した。さらに九月一六日、朝倉・浅井軍が信長不在の京都を狙って坂本へ進攻して来たのである。この思い掛けない報せを聞いた信長は、天皇勅使が本願寺の顕如に休戦・撤退を命じたこと（参照「本章その四、iii、2.（一）の②」）を受けて、その雑賀衆の撤退を見届けてから、急ぎ軍を京都へ引き返した。

九月二四日、この早業《はやわざ》で京都へ戻ってきた信長軍を見た朝倉・浅井軍は、怖れをなして叡山山門に助けを求めた。叡山も朝倉・浅井の申し出を受け入れたことから、朝倉・浅井軍は比叡山へ逃げ上り山中に立て籠《こも》ってしまったのである。

信長は、叡山山門へ、朝倉・浅井軍に加担しないように、と申し入れ、聞き入れられなければ一山を焼き払うと脅《おど》した。だが叡山は、それさえも聞き届けようとしなかったのだ。そこで信長は、九月二五日、已むなく比叡山を包囲した。

2. 堕落した叡山への懲らしめ

信長は、言うことも聞かず朝敵・朝倉らに肩入れする叡山、まして天皇が「天下の静謐」を一心に祈っておられるのに、王城鎮護の役目も果さず、禁制の魚鳥を食し女人まで山内に呼び入れるなど仏法戒律も守らない堕落した悪質な叡山を忌々《いまいま》しく思った。そしてこの叡山を何とかしなければ、「布武天下」は頓挫《とんざ》する、と懸念した。

しかしながら、叡山を堕落させた悪徳僧（売僧《まいす》）や僧兵らを一掃し、元の神聖な霊場に復させるとしても、叡山へ信長軍が進攻しなければならない。これまで王城を鎮護する神聖な殺生禁断の霊場・叡山への踏み込みは、「仏罰が当る」として畏怖《いふ》されてきた。だが本当にそうなのかどうか、そこで信長のブレーンは叡山の歴史を調べたのである。

すると、一三三二年、一三三六年、一四三五年、一四九九年と、延暦寺などは攻撃を受け放火され焼かれている（参考『日本宗教史年表』）。また一五七〇年一〇月にも、延暦寺西塔が放火され、山が焼けたという（参考『御湯殿上日記』）。

これらの事実（前例）は、昔から時の為政者らが、叡山の横暴や独善を何としても止めさせようとしたとか、あるいは叡山内部で抗争があった、と信長らは見た。

3. 叡山焼き討ち…その真実

①作戦の立案

こうして「悪徳僧と僧兵だけを退治（誅伐）する」為の叡山攻撃を企図した信長は、密偵などを放って、悪徳僧らの氏名やその隠れ家、また僧兵らが集結している場所の特定を急ぎ、さらに誰一人として捕り逃がすことのないよう、それぞれ最短の捕縛径路を策定し準備を整えたのであった。

②叡山攻撃の内奏

信長は、叡山への攻撃日を一五七一年九月一二日と取り決めた。そしてその前日、信長は天皇に、

「明日、王城鎮護の役目も果さない叡山を攻撃し、堕落した悪徳僧や悪名高い僧兵らを一掃致します」

と内奏した。内奏があまり早いと、聞き耳を立てている公家衆の知るところとなり、そうなれば公家衆から悪徳僧らに情報が漏れ、僧兵は武器を持って身構えるし悪徳僧は一時的に身を隠し、結局、彼らを完全に退治することができなくなるからである。

③天皇の「臨時の御拝」

元々、天皇は、叡山の一部の良からぬ者たちによる我が物顔や目を覆《おお》う行状などに心を痛め、その上、仏法の戒律も守らない放埓《ほうらつ》な彼らを、このまま野放しにしておくことはできないと考えていた。よって天皇は、そうした悪徳僧や僧兵らを懲《こ》らしめようと、信長が叡山を攻撃することに反対しなかったのである。それより一抹の不安が生じてきた。それは「仏罰」である。天皇は、直ぐに内侍所へ行き、

「信長が、明日、叡山を攻撃すると言う。だが叡山は、法浄の聖地である。目にあまる僧兵や不徳義な仏僧らを懲らしめるだけならよいが、真面目に修行している者や

高僧、上人らには危害がないよう……。また仏罰も無きように……」

といったことを三日間も祈られたのである。

＊『大日本史料』――

九月一一日、内侍所に臨時の御拝あらせらる。

＊『御湯殿上日記』――

九月一一日、臨時の御拝になる。

九月一二日、今日も臨時の御拝なり。

九月一三日、臨時の御拝にて（御礼？）。

④叡山を一日で攻略

信長は、九月一二日未明、叡山へ攻め入った。信長の指示を受けた軍兵二万五千余人（参考『大日本史料』）は、それぞれ悪徳僧らの女人も匿《かくま》う隠れ家などへ一気に向かい、彼らを捕縛するとともに宗教施設とは関係のない隠れ家などの不浄な建物を焼き払った。また不意打ちを食らった僧兵らは為す術もなく、あっという間に信長の軍兵に取り囲まれ捕縛された。

捕縛した理由《わけ》は、叡山は乱れたとはいえ、殺生禁断の神聖な霊場であることを重んじ一滴の血も流さないようにと厳命があったからである。

よって捕縛された悪徳僧や僧兵らは、霊場外の隔絶された信長陣へ次々と連れて行かれ、改心なければ陣内で誅伐されたことから、この叡山攻撃は、たった一日で終了した。

＊『信長公記』…事実と異なるのでは？

一五七一年九月一二日、信長は叡山を攻撃、一堂一宇余さず焼き払った（四千五百もの建物があったという）。そして僧俗、児童、学僧、上人（名の知れた高僧や貴僧など）全てを捕えてきては首を刎《は》ね、さらに（居るはずのない）美女、小童らも数えきれぬほど捕えては、信長御前に連れてくるが哀願しても首を打ち落とされた（死者三〜四千人にも上ったという）。

＊『永禄以来年代記』──

九月一二日、信長、東坂本へ押し寄せ、山王七社大鳥居まで、悉《ことごと》く焼失。同日、比叡山・根本中堂を始め、諸坊中一宇も残らず焼失。上坂本堅田同前なり。山上山下討たるる者の数を知らず。衆徒児女子供まで斬り捨てなり。凡そ千六百余人と云々。

⑤霊場・叡山の本来の役目「王城鎮護」

翌日の九月一三日、信長は上洛し、天皇に叡山の出来事を奏上するとともに、将軍・義昭にも報告した。これを聞かれた天皇は、悪徳僧や僧兵らが一掃されたことから、叡山も、これで元の霊場に復したと安堵され、内侍所でその御礼の御拝をされたのだ。

そして天皇は、叡山の天台座主に対し、早速「九月二三日、宮中で王城鎮護を祈禳《きじょう》するように……」、と大事な国家的行事の催行を命じた由である。

＊『大日本史料』――

一五七一年九月二三日、天台座主ら、宮中にて仁王経を誦《しょう》す。…天変を祈禳せしめらる。

※叡山焼き討ちとは、元の霊場へ復させた信長の功績では⁉

史書では、信長が比叡全山を焼き尽くし、僧俗や女子供までも片っ端から殺戮《さつりく》したと言うが、事実は、叡山の僧兵や修行もしない戒律も守らない悪徳僧（売僧）の誅伐、および修行にも則《そく》さない建物などを焼き払った、と推察する。その理由は、もし史書に言うよう信長が叡山を蹂躙《じゅうりん》し四千五百もの建物を焼いたとか、三、四千人を惨殺したと断じられるなら、次なる疑念が払拭されないからである。

イ．そうした修羅場を逃げて命拾いした真面目な修行僧らは、目の当りにした生き地獄の恐怖の場景を手馴れた筆で絵を描き手記に記録し、その信長の蛮行とか非道振りをあまつさえ世に公開したであろう。しかし、そんな絵や書は見当らない。

であれば、真面目に修行する学僧や名僧、高僧、上人らは守られて危害も災難にも遭《あ》っていなかったのではないか。

ロ．三〜四千人も惨殺されたとすれば、とてつもない人骨の山、および墓や供養塔などが叡山随所にある筈だろう。しかしそれらしき墓や供養塔などはないし、また叡山も、今日までその殺戮された僧らの法要などは執り行っていないのである。

つまり信長は、悪徳僧とはいえ、その場で惨殺すると霊場を汚すので、他の場所へ引き連れて行き改心がなければ誅伐したと考える。そして叡山も、叡山を毒してきたそんな悪徳僧らの供養や法要を執り行う必要もなかった、と見るべきではないか。

ハ．宮中でも、当日、叡山が焼かれたとの報告もあったが、怒りや混乱した様子もなく、尚のこと、この日以降、話題にもなっていないのだ（参考『御湯殿上日記』）。

ニ．不思議なのは、昭和五五年や平成二年の『延暦寺発掘調査報告書』によれば、信長が焼き尽くしたといわれる主要な宗教施設（講堂、根本中堂、僧舎など）から、焼けた痕跡（燃えカスとか焼け落ちた瓦の破片など）が見付からない、とある。

このことは、やはり、信長が修行に供する建物などは焼いていなかったことを証しているのではないか。

これらを鑑みると、信長の叡山攻めとは、計画的であって、叡山（本山や末寺など）の宗教的機能を奪うことなく、但し、目にあまる僧兵や堕落した悪徳僧だけを誅伐し、また山が焼けたと見られるほどに散在する宗教施設とは関係のない不浄な建物のみを焼いた、と論点を整理する。そしてこの信長の焼き討ちによって、叡山は「王城鎮護」を祈禳するなど即座に元の神聖な霊場に復した、と主張するものである。

⑥「荘園」制度や「座」制度の崩壊

叡山が武装解除したことで、近江などに所在する広大な寺領「荘園」の解体に繋がり、また叡山が保護してきた特定業者による独占支配の「座」組織も崩壊した。

これは他の横暴で搾取《さくしゅ》を旨とする社寺勢力への見せしめとなり、それ故に、このことは、これまでの特質であった社寺勢力中心の中世時代が終焉《しゅうえん》に向かう大きな引き金にもなったわけである。

そういう意味では、この信長の「叡山焼き討ち」は、エポック・メイキングな出来事の一つとして、再認識されるべきものではないか、と考える。

ii、結論「真相解明」

通説は、この信長の叡山焼き討ち行為をもって、信長を「冷酷で惨忍」「人でなし」の如くに酷評する。しかしながら右記⑤の※欄で検証した内容を考察すると、そういった人物評ではなく、叡山のその悪しき存在感や歴史観を変えるものであった、と思念する。

言い換えると、もし叡山が焼き尽くされほとんどの僧が殺戮されるなど、史書に言うよう大騒動、錯乱状態になっていたならば、一一日後の九月二三日に、天台座主らが、宮中で、平然、整斉と天変地異を鎮めるといった「王城鎮護」を祈禳する法要など執り行えようか。また信長から再度の叡山攻撃もなかったことなどを勘案すると、この叡山焼き討ち行為とは、信長が堕落した叡山を「王城鎮護するに相応しい霊場・叡山」へと復させたのである。となると……、叡山の歴史認識や信長評が様変わるのだ。

さすれば本来の国家的宗教活動を取り戻した神聖な霊場・叡山にとって、信長は類《たぐい》なき「功労者、殊勲者」なのであった、と本書は結論付けた次第である。

その七、信長の追放劇や偽密書とは

⇩

信長の巧妙な詐術⁉

信長は用済みとなった家臣たちを一方的に追放した、と通説ではいう。しかし追放された家臣で、諫言しては挙兵し、あるいは自害した者はいないのだ。それより後に、追放された者が再登用され追放前の身分や所領なども安堵されている。また信長は、状況を改善する為に偽密書を作成している。こうした追放や偽密書は、敵の情報を収集する行為、敵を惑わす行為、敵を戦場へ誘き出す行為（餌）であったと見る。

すると追放などで一方的に信長を酷評したりするのではなく、それらは信長の巧妙な詐術ではなかったか、と疑念を抱いたことから、本書はこれを「信長の七不思議」の一つとして掲げた。

i、敵を窮地に陥れる策

1．追放劇とは、「窮鳥、敵の懐に入る」作戦

追放劇については、他にあるかも知れないが、史書などに記されているものだけを掲げることとした。

①叔父・信光の追放

一五五四年七月、清洲の守護代・織田信友（達勝の後継）とその家老・坂井大膳は、主君である守護大名・斯波義統《よしむね》が自分たちを追放しようと企んでいると臆測した。それなら先にと、坂井は義統を暗殺してしまったのだ（いわゆる下剋上）。坂井の追手に狙われた義統の嫡男・義銀《よしかね》は信長二一歳に助けを求めた。信長は、義銀を安全な天王坊に匿《かくま》ったのである。

そこで信長は、斯波義銀の仇《かたき》である清洲の守護代・織田信友を討とうと画策した。とはい

え信友には、根回し上手なあの坂井大膳が仕えている。そしてこの坂井が、家臣にも拘らず頭角を顕わしてきた信長を孤立させようと、信長の叔父・織田信光に近付き信光を自陣に引き込もうとしていることが判った（参考『信長公記』）。

だからと言って、清洲城は外から攻めても堅固でビクともしないのだ。思案を重ねた信長は、然らば信光を清洲城へ入り易くする為の「窮鳥《きゅうちょう》、敵の懐《ふところ》に入る」作戦を展開し、窮鳥となった信光の力で清洲城を内部から攻め滅ぼすことを考えた。

一五五五年四月、信長は、信光と示し合わせた上で、信光を居並ぶ信長家臣らの前で激しく罵《ののし》り糾弾し那古野から追放した。この仕打ちに怒りを爆発させた信光は、清洲の織田信友の許《もと》へ走り、信友と坂井を前にして信長の非道な仕打ちを訴えるとともに、「信長を討とう！」と提案した。「これ幸い……」と信光を味方に付けた坂井は、行き場をなくした窮鳥・信光を、一先ず斯波義統が住んでいた清洲城の南櫓《やぐら》に住まわせたのである。そして信光が味方となったことを祝う為に坂井が南櫓へやって来たところ、武装した信光軍が挙兵した。これに驚いた坂井は、今川に助けを求めて城を飛び出したことから、家老もいなくなって孤立した信友は、為す術もなく自害した。

こうして難なく清洲城を開城させた信長は、尾張・下四郡を支配する清洲城へ移り住んだのである。義銀の仇を討つ大義があったものの、これは主君・織田信友を討ち果たしたという、正に信長の下剋上だ。そして特命を為し遂げた信光には、論功行賞として約束通り信長の居城・那古野城を与えた（参考『信長公記』）。

②執念深いと言われる信長の重臣らの追放

一五八〇年八月一二日、信長は、重臣の佐久間信盛・信栄父子、同八月一七日、林通勝、安藤守就、丹羽右近を追放した。その理由は、総じて武将としての器量もないことや、二〇年も三〇年も昔の出来事（しこりや不祥事）などといった一九項目に亘って、それも厳しく、しかも執念深く指摘し糾弾したのである（参考『信長公記』）。

※重臣らを追放した信長の本当の狙い（その1）――

大方の論者は、信長のこうした重臣らの追放を捉えて、永年、信長の為に働き、そして辛苦を共にしてきた者たちでさえ、用済みとなれば、「ぽいと捨てる」のが、情け容赦もない執念深い冷酷な信長の仕打ちなのだと言挙《ことあ》げる。

しかしながら、主君から罵《のの》しられ辱《はずかし》めを受け領地没収にお家断絶、さらに追放だと宣告されたら、その時、皆は（家臣も含めて）一体どんな行動を取るのだろうか。だが不思議なことに、追放された武将ら誰一人として、諫言することも、自害することも、結託して兵を挙げることもなかったのだ。その上、驚くべきは、後述もするが激しく罵って追放した佐久間信栄を、後日、信長はそんな信栄の改心などを見定めることなく、即座に元の身分に復させたのである。

はて……、これらの動きを、どう理解しようか。釈然としない奇妙な話である。すると、かような追放は何か示し合わされたものだったのでは、と勘繰るのだ。

ところで同じような信長の苛烈《かれつ》な追放劇は、右記①にも掲げている。それは信長が、心を許す叔父《おじ》・信光と仕組み、皆の前で激しく信光を罵っては追放したのだ。逃げ場を失った信光は、敵の清洲方に拾われ、いわゆる「窮鳥、敵の懐に入る」ように清洲城へまんまと入っては、首尾よくその清洲城を乗っ取った、という特命を課した話である。

これらを勘案すると、今回のこの霹靂《へきれき》の追放劇とは、「布武天下」推進の障害となり得る全国に点在した敵の正確な情報を収集しようと、窮鳥、敵の懐に飛び込み易くする為の、敵も味方も完璧に欺《あざむ》く迫真ある大芝居だったのではないか、と静思するものである。

イ．信長、高野から恭順の意を受ける

治外法権下の高野山は、時に一五八〇年八月、信長によって追放された佐久間父子を「可哀想に」と思い、この二人を高野に受け入れたのだ（敵の敵は味方?）。

ところが、朝敵・荒木村重の残党が高野の僧舎に匿《かくま》われていることを知った佐久間父子は、このことを信長に報せた、と推察する。そしてそうこうする内に、信長から何故か「高野の住まいも許さぬ！」と言われて再び追われたことから、佐久間父子は紀州へ逐電《ちくでん》（迅速に逃亡）した。

その後、信長は、一五八一年八月一七日、高野に使者を遣わし荒木村重の残党を引渡すよう命じた。しかし引渡しを求めに行った使者一〇名は、高野の僧衆に斬殺《ざんさつ》されてしまったのだ。この高野の仕打ちに激怒した信長は、その仕返しに高野聖《ひじり》数百人を全国から探し出し斬殺したのである。高野の僧衆は、「比叡の二の舞」になる運命だと気付き、うろたえ、そこで天皇に愁訴《しゅうそ》した。

信長にすれば、やっと恭順の意を示してきた高野は叡山のような国家的な問題もなく、かつ軍事上の要地でもないので、堀秀政に高野山を攻めることなく、懲《こ》らしめの為に包囲するだけにして放置させたわけである（参考『信長公記』）。

ロ．信長、宿敵・雑賀衆へ介入する

一五八二年正月二七日、紀州・雑賀衆の鈴木孫一が土橋平次を殺害した。これは昨年、孫一の継父《けいふ》が平次に殺されたことを恨んで、その仇討を孫一がした、というものだ。この雑賀衆の権力争いに乗じた信長は、間髪を入れずに織田信張を大将にして軍を派遣し、そして鈴木孫一に味方し対立した土橋一門を雑賀の地から追い払って（参考『信長公記』）、雑賀衆の力を大きく減少させたわけである。

これらの行動の基となった雑賀衆の権力争いの情報も、実は佐久間父子からだった、と推察する。

③追放した佐久間信栄の赦免《しゃめん》

一五八二年正月一六日、一年四ヶ月前に追放した佐久間信盛・信栄父子の件で、その父・信盛が熊野の奥で病死したことを聞いた信長は、「可哀想に」と思い、嫡男・信栄を許すとともに旧領や地位などを安堵した。信栄は、早速、岐阜へ参上し、信忠に礼を述べるとともに、信忠に奉公した（参考『信長公記』）。

＊『当代記』——

佐久間右衛門信盛、紀州・熊野の奥にて病死され、信長は不便（不憫？）の由を言い、嫡男・甚九郎信栄を直ちに召され、信忠に任ずべし。

※重臣らを追放した信長の本当の狙い（その2）――

信長に追放された佐久間父子は、治外法権下の高野山へ逃れた。信長と一線を引く高野は、この哀《あわ》れな窮鳥を受け入れたのである。しかし後刻、居場所も知らないと思う信長から、何故だか、その高野に住むことも信長に拒否されたのだ。父子は、一五八一年八月までに、急ぎ熊野の奥（紀州・雑賀?）へ逃亡した。

ところで信長は、高野山に荒木村重の残党が匿われていることを知る。また雑賀では鈴木孫一と土橋平次が権力争いをしていることも知るのだ。当然のことながら、信長が、それぞれに関与していったことは歴史の示す通りである（参照「右記②のイ．およびロ．」）。さらに佐久間信盛が病死したことも何故か知る（参照「右記③」）。

つまり信長は、敵などの上層部に窮鳥として取り入った佐久間父子と密かに連絡を取り合い、敵などの動向や状況などを把握していたのではなかったか……。だからそんな大役を果した信栄を、早速に旧来同様に取り立てたわけだ。他の追放された人（窮鳥）たちも、信長が本能寺で横死しなければ、皆それなりに功を成し、いずれは旧来の地位に復し、さらに重用《ちょうよう》されていくもの、と推し量る。

2．偽密書とは、敵を嵌《は》め込む作戦

偽密書については、他にあるかも知れないが、史書などに記されているものだけを掲げることとした。

①今川の情報源・戸部の陥《おとしい》れ

一五五四年頃、尾張・那古野や清洲の不穏な動きなどは、尾張・笠寺（参照「図2」）の戸部新左衛門を通じて、駿河・今川義元に報告されていた。そこで今川への情報源を断ち切ろうと、そんな目障りな戸部を巧く失脚させてしまう策謀を、信長らは考えた。

その策とは、一五五五年、信長から戸部の筆跡を一年かけて完全に真似《まね》するようにと祐筆に命じ、そして翌年、戸部が「今川を裏切り信長に味方する」といった信長宛の偽密書を作成、それを今川に露見させる、というものであった。

この策謀がまんまと成功した。即ち一五五六年、偽密書での裏取引を知った義元は激怒し、その真偽を確かめるまでもなく、戸部を尾張の二重スパイと見なして戸部の首を刎《は》ねてしまったのである（参考『古老物語』）。

尚、武田家のことを記す『甲陽軍鑑』は、桶狭間の戦いで今川義元が信長に完敗した主たる要因にこの戸部の抹殺を挙げている（参照「本章その二、iii、3. の＊欄『甲陽軍鑑』」）。

②信長、朝倉義景を戦場に誘き出す

一五七二年七月、信長は、越前にいる義景を北近江・小谷の戦場へ誘《おび》き出し決戦を挑もうとした。そこで友軍の浅井が出状したように見せた偽の密書を作成、それを義景へ届けさせたのだ。その偽密書の内容とは、「尾張の河内長島に一揆が起こって、尾張と美濃を結ぶ通路を妨げ、信長はそれに煩《わずら》わされているので、この機会に朝倉殿が出馬されるならば、美濃の兵を全て壊滅できるであろう」というものであった。

この密書によって、信長を叩ける絶好のチャンスと見た義景は、一万五千人の軍を率いて浅井の領地・小谷の戦場へやって来た。書状内容の事実確認を怠った義景は、小谷の陰惨な光景を目の当りにして臍《ほぞ》を噬《か》むとともに、急ぎ高峰・大嶽《おおづく》（標高四九五メートル）に城塞を築かざるを得なかったのである（参考『信長公記』）。

尚、こうして戦力を消耗した朝倉義景は、翌年八月、信長に攻められ敗滅した。

＊『朝倉始末記』…朝倉義景に欠落したリーダーシップ――

a．義景は、家臣らが手柄を立てても、さして褒美《ほうび》もなかったので、皆、怪しみ心配した。

b．義景は、（意味なく）年に四～五度も出陣するので、家臣たちは疲れ果て気力も失せ、士気も消え去った。

③信長、武田勝頼を戦場に誘き出す

一五七五年四月、武田勝頼は家康方に寝返った長篠城（城主・奥平信昌）を攻め滅ぼそうとして取り囲んだ。しかし長篠城は武田軍一万五千人の猛攻に耐え戦いが長引いたのである。五月一八日、この長篠城を救助しようと、信長、信忠、家康のそれぞれの軍三万八千人は、武田軍と離れた長篠の設楽原《したらがはら》に着陣し、そして急ぎ馬防柵《まぼうさく》を築いた（参考『信長公記』）。

ところで信長は、この設楽原に何としても勝頼を誘き出そうと、前もって佐久間信盛に命じて、「信盛が戦いの途中で勝頼に寝返る」旨の偽密書を携えた使者を遣わしていた。その密書を受け取った勝頼は、信長の重臣・佐久間信盛が必ず寝返ると信じて決戦の地・設楽原の戦場へやって来て着陣したのである（参考『参州長篠戦記』）。

尚、こうして信長の策に嵌った勝頼は、信長の鉄砲三段撃ちなどの新戦術によって大敗を喫し、甲斐へ逃げ延びて行ったという。

＊『参州長篠戦記』…勝頼を戦場に誘き出した信長の謀略——

信長の功臣・佐久間信盛、去る一三日、信長の密旨を得て、勝頼の寵臣《ちょうしん》・長坂長閑が許へ使節を遣わし、「日頃、信長を恨むことあり。願わくは、勝頼旌旗《せいき》を進め一戦を決し給え。その雌雄《しゅう》半ばならん時、信盛裏切りして、忽《たちま》ち信長の本陣を討ち破るべき由を達す（申し渡す)」と(書状をもって)伝えた。…勝頼、甚《はなは》だこの詞《ことば》を善とし(信用し)、御旗楯(武田当主の軍旗と楯)なしも照覧あれ(神仏もご覧になっておられること)。是非、戦いを決せんと勇みけるこそ、誠に愚昧《ぐまい》の至り運の極めなれ。

ii、結論「真相解明」

以上、信長から悪名を着せられ、しかも追放させられた重臣らは、実は信長の特命を帯びた信長腹心の部下であって、その任務とは、「布武天下」を成し遂げていくにあたり、窮鳥となって(敵の敵は味方と)安心した敵の懐に入り敵を窮地に陥れたり、敵の情報収集に従事した、とその思いを強めるものである。また偽密書についても、信長を有利にさせる為の戦術であり、結局、そうした追放劇や偽密書は信長の巧妙な詐術であった、と本書は結論付けた次第である。

三章　むすび

これまで筆者は、信長のミステリアスな項目について、通説にいう解釈や考え方などに少なからずの疑念を抱いてきた。そしてその内の主な七項目に絞って、それらを正しく読み解こうと、前章の如く可能な限り史実（＊欄）や、またその史実に準拠した考えなどに基づいて自説（※欄）を展開した。するとそこから導かれた本書のそれぞれの結論「真相解明」は、論理的で自然体であり違和感もないと自負するし、また驚くことに通説とは全く異なった内容となったのである。

その理由を察すると、本書に記載した山ほどの史実などが、通説ではほとんど取り上げられていないか、あるいは別な解釈で用いられている、と気付いたのだ。では通説は、何ゆえにそうした史実などを無視してまで、こじつけた論を展開したのか、である。

それは「はじめに」にも言う名折れ的な信長イメージからでは、輝かしい功績などを次々と成していった信長を説明することもできず、勢い、それらの史実などを無視するか見限らざるを得なかった……、のではなかろうか。

例えば、天皇と信長の関係について、本書で掲げたあまりにも多い二人の連携した史実が続出してくると、通説に言う二人の険悪な関係など、どう考えても、とんと浮かんでこないのである。だが通説は、始めから信長が天皇を蔑《ないがし》ろにした立場を採っているから、その関与した史実を並べていくと混乱もし、よってそれらの史実は信長の圧力だと見てそのほとんどを黙殺したのではないか。また通説は、「布武天下」を「天下布武」と置き換え、しかも解釈も等閑《なおざり》であるし、叡山の焼き討ちや家臣の追放劇も真実を求めることなく信長を酷評するだけに終始する。はたまた桶狭間の戦いや安土築城に至っては、謙信の動きとか花押の「麒麟」などといったそれを抜きにして語れない重大なヒントがあるにも拘らず、通説はそれすらも眼中になく目先の様態だけを論じている。

つまり通説は、数多《あまた》の史実（いわゆる証拠）を、誤った先入観などによって、都合よく「無視する」「隠滅する」、果ては「置き換え」てもいる。こんな話ばかりを纏めたこれまでの信長伝記などは、信長を知って究めるというよりも信長を愚弄《ぐろう》し、さらに歴史認識を歪め、尚かつ歴史を冒涜《ぼうとく》しているとしか思えない。

ところで信長にそうした名折れ的なイメージを植え付けた人物とは、イエズス会の宣教師・フロイスであろう（参照「注7のイ．」など）。

ここでそのことを個々に議論したいとは思わないが、端的に言えば、布教活動についてフロイスに焦りがあったことは事実だ、と考える。つまり日本に最初に来た宣教師・ザビエルは左記＊欄の如く日本は仏教からキリシタンに直ぐに改宗するとヨーロッパへ豪語し大見栄を切ったことで、喜んだイエズス会は、多額の布教活動資金や贈答品を送ってきたのだ。

＊『イエズス会日本報告集』…一五四九年、フランシスコ・ザビエルの書簡（要約）

日本の島は我が聖教を永遠に広めるのに甚だ適した状況にある。それは日本人は道理を好む人々であるから、日本の大部分がキリシタンとなることをイエズス・キリストにおいて期待している。そして二年も経たぬうちに都（京都）に聖母の教会を建て、ポルトガルの国王やゴアの閣下に布教事情を通信するであろうと確信している。したがって閣下が私を信頼して日本に送られてくる国主ら（天皇、将軍、大大名など）への贈答品についての価値を百倍にして差し上げることを保証する。

しかし思うほどに布教の成果が挙がっていないことから、その活動資金の大幅削減の話が出てきた、と聞く。

そこでフロイスは、巧くいかず未達となった原因が信長にあるとして、その責任を信長に転嫁したと見る。即ち、「信長という統治者は、キリシタンの神『デウス』を信じず、それよりデウスに代わって自分が『神』となり崇《あが》められようとしているのだ。さらにヨーロッパが開拓に注力している中国を、信長は攻め取ろうと企んでもいる。こんな我々の神『デウス』を否定する野蛮で戦争好きな独裁者が日本にいるから、布教も思うようにいかない……」といった旨の書簡を、矢継ぎ早にヨーロッパへ送ったのである。

当然そのような話を聞けば、ローマ教皇らカトリック（キリシタンの旧教を言う。それに対してプロテスタントは新教と言う）の首脳陣は激昂するに決まっている。であれば、そういった書簡は、カトリックの大敵・信長を成敗するが為に、インドのゴア、中国のマカオ、フィリピンのマニラなどに寄港しているスペインの無敵艦隊を日本へ差し向けさせようとした意図があった、ということも否定できなくもない。

そんな悪意を抱いたような書簡の背景も考えず、今でも大半の論者らはフロイスの内容（参照「注7のイ.」など）を信じ、信長の名折れ的な人間性などを真っ当に論じている。

だが相剋や下剋上が横行している時代である。もし信長がそうした「人を人と思わない」「冷酷」「無慈悲」「猜疑心が強い」「活殺自在」などといった怖ろしい人物であれば、生涯に亘って、家臣らは生命を投げ出してまで信長に臣従しようか？　またそんな野蛮な人間が、「世の為、人の為」にと有徳政治などを次々と打ち出し推進していくものだろうか？　加えてフロイスの布教についての報告を見たヴァリニャーノが「絶望した」との書簡内容（参照「注7のロ.」）なども併せ鑑みるならば、フロイスの話が、ある面、事実と大きく食い違っているのではないか、と一存する。

しかしながら、こうした後ろ向きで過誤などに対するモグラ叩き的な話ばかりに終始していると、結局、本来の探究すべき信長の姿が見えなくなる。

そう悩んでいた時に、筆者は信長の真相を知るこの拙書を書き終え、そしてこれまでにない興奮や感動を覚えたのである。

その感動している中で直感的に受け止めたのが、以下の点である。これらの点については、憚《はばか》りながら今直ぐにでも信長を再認識しなければならないのではないか、と痛感した。

イ．先ず、フロイスによって模《かたど》られてきた名折れ的な信長イメージを払拭すべきである。そしてそれと同時に、今日まで久しく日本人の心を動かし続け「稀有で非凡な人物」だと言われてきた信長の確たる「信長像」を、一刻も早く我々日本人の手で構築していく必要があろう。

ロ．次に、信長は、「泰平の世」を迎える為に、仏教思想の「勧善懲悪」を判断基準として、理想的な「撫育民姓国家」を実現しようと、その為には古代中国思想の考えに準じた「布武天下」を実践し、かつヨーロッパ文明なども積極的に吸収しつつ、激動する戦乱の世を駆け抜けて行ったことを忠実に理解すべきである。とはいえ、信長の「布武天下」は完遂する間際で頓挫した。

さりとて、信長とは、右記にも言うように正に先見し先覚するグローバルな「希代の英雄」であり「『泰平の世』を求めた不世出な人物」（今で言う「世界の信長」）であった、と今までにない至大な「信長評」へと改める必要があろう。

これまで、右記のような「信長像」とか「信長評」が議論されて真正に究められたことはない。しかし早く究めていかないと、何時まで経っても信長はミステリアスな信長であり、さらに百家争鳴してその真実は一段と判らなくなる。

よって筆者は、冒頭「はじめに」にも言うよう、信長とは「天才、偉才、…、不世出な人物」であり、世界の信長に値する「平和を求めた真に偉大な人物」であった、と賛嘆するとともに認識を新たにするものである。

ところで、結果だからどうしようもないが、尽きせぬ悔いが残るのは、非凡な信長が「布武天下」を完遂し「撫育民姓国家」を実現した暁に到来する日本の「泰平の世」の姿が、全く判らなくなったことだ。信長が本能寺で非業の死を遂げなければ、数ヶ月後には、安土城で天皇による「泰平の世」到来宣言儀式が挙行され、それとともに四霊も現われるとした、古代中国に言う「泰平の世」の姿が明らかになってくる筈であった。

だがそうしたファンタスティックな姿や全貌などが全く判らなくなってしまったことは、いやはや、大袈裟かも知れないが我ら人類の損失……、真に残念極まりない。

筆者は、こうした姿を想像しつつ本論の中でそのような内容にも言及した。しかしそれは、信長もそのように思い描いていたのではなかったか……。

そして時代が求めていた「泰平の世」の到来に向って、信長が「勧善懲悪」を判断基準として、為政論である「布武天下」を実践・完遂し国家論である「撫育民姓国家」を樹立・実現しようとしたその手法や手順について、それらは、今、世界中で叫《さけ》ばれ求められようとしている普遍的な平和欣求の論理なのか、あるいは幻像、虚像なのかと、天を仰ぎながら一人問答する。

さても果てない悠遠《ゆうえん》のロマンに、あれこれと思いを馳せているところである。

著者

参考図書

『信長公記（上・下）』太田牛一原著・榊山潤訳（ニュートンプレス）
『下天は夢か』津本陽（角川書店）
『織田信長』山岡荘八（講談社）
『大系　日本の歴史6、8』永原慶二（小学館）
『新版　雑兵たちの戦場』藤木久志（朝日新聞社）
『戦国武将を育てた禅僧たち』小和田哲男（新潮社）
『池田家履歴略記（上巻）』（日本文教出版）
『言継卿記』山科言継（続群書類従完成会）
『鉄砲記』［口語訳本は、『鉄砲―伝来とその影響―』洞富雄（思文閣出版）に収録］
『絵本太閤記（上・中・下）』塚本哲三校訂（有朋堂書店）

『沢彦』火坂雅志（小学館）
『上杉家御年譜』（米沢温故会）
『甲陽軍鑑（上・中・下）』腰原哲朗訳（教育社）
『土岐累代記』［『続群書類従　第21輯（下）』（続群書類従完成会）に収録］
『浅井三代記』［『史蹟集覧』近藤瓶城編（近藤出版部）に収録］
『今川義元（日本の武将31）』小島広次（人物往来社）
『武田信玄』奥野高廣（吉川弘文館）
『小田原北条記　上・下』江西逸志子著、岸正尚訳（教育社）
『上杉謙信と春日山城』花ヶ前盛明（新人物往来社）
『兼見卿記』［『史料纂集』（続群書類従完成会）に収録］
『三河物語』『老人雑話』［『雑史集』（国民文庫刊行会）に収録］
『公卿補任』『徳川実紀第一篇』［『新訂増補国史大系38』（吉川弘文館）に収録］
『増訂　織田信長文書の研究（上・下・補）』奥野高廣（吉川弘文館）
『政秀寺古記』［『国文東方仏教叢書　第二輯第六巻』（東方書院）に収録］
『武功夜話　第一・補』吉田蒼生雄訳注（新人物往来社）
『幸若舞3　敦盛』編注者・荒木繁ほか編注（平凡社）

『国盗り物語』司馬遼太郎（新潮社）
『戦国大名マニュアル』米沢二郎ほか（新紀元社）
『日本文化史17　義堂周信』辻善之助（春秋社）
『当代記』〔『史籍雑纂』国書刊行会編（続群書類従完成会）に収録〕
『お湯殿の上の日記（御湯殿上日記）』〔『（続群書類従補遺第三第五）』塙保己一編纂（続群書類従完成会）に収録〕
『正親町天皇』〔『大日本史料　第十編之1～24』東京大学史料編纂所（東京大学出版会）に収録〕
『朝倉始末記』藤原正規（勉誠社）
『長篠・設楽原合戦の真実』名和弓雄（雄山閣出版）
『参州長篠戦記』根岸直利編集（集文館）
『洛中洛外図大観（上杉本）』（小学館）
『名宝日本の美術　第25巻』（小学館）
『春秋左氏伝』〔『新釈漢文大系31』鎌田正（明治書院）に収録〕
『信長記　上・下』小瀬甫庵撰・神郡周校注（現代思潮社）
『織田軍記』〔『通俗日本史全史　第7巻』早稲田大学出版部編（早稲田大学出版部）に収録〕
『花押を読む』佐藤進一（平凡社）

『城と湖と近江』「琵琶湖がつくる近江の歴史」研究会編（サンライズ出版）
『安土城資料集1』（滋賀県教育委員会・安土城郭調査研究所）
『城と館』内藤昌（世界文化社）
『考証織田信長事典』西ケ谷恭弘（東京堂出版）
『決定版　図説・戦国地図帳』久保田昌希監修（学習研究社）
『晴豊記』〔『続史料大成』竹内理三編集（臨川書店）に収録。但し、口語訳本は『信長権力と朝廷』立花京子（岩田書院）に収録〕
『永禄以来年代記』〔『続群書類従　第29輯（下）』（続群書類従完成会）に収録〕
『天正遣欧使節』松田毅一（臨川書店）
『完訳フロイス日本史』ルイス・フロイス原著・松田毅一訳（中央公論社）
『フロイスの日本覚書』松田毅一・E．ヨリッセン（中公新書）
『十六・七世紀　イエズス会日本報告集　第三期第1巻』松田毅一監訳（同朋舎）
『東大寺図鑑』ケンズ井上（長崎出版）
『織田信長と安土城』秋田裕毅（創元社）
『延暦寺発掘調査報告書Ⅰ』（滋賀県教育委員会編、滋賀県教育委員会・財団法人滋賀県文化保護協会）
『延暦寺防災施設工事・発掘調査報告書』（滋賀県教育委員会・文化部文化財保護課、延暦寺）

『論語（上・下）』吉川幸次郎（朝日新聞社）
『詩経（上・中・下）』石川忠久（明治書院）
『荀子』藤井専英（明治書院）
『東洋思想研究』本田済（創文社）
『大漢和辞典』諸橋轍次（大修館書店）
『日本宗教史年表』山折哲雄監修（河出書房新社）
『説文新義』白川静（白鶴美術館）
『正倉院宝物――北倉』（朝日新聞社）
『日本大百科全書22』（小学館）
『四書五経』竹内照夫（平凡社）
『本能寺と信長』藤井学（思文閣出版）
『緯書と中国の神秘思想』安居香山（平河出版社）
『日本陰陽暦日対照表　下巻』加唐興三郎（ニットー）
『織田信長　民姓国家　実現への道』『桶狭間の戦い――景虎の画策と信長の策略――』濱田昭生（東洋出版）
『信長、謙信、信玄の力量と、天皇が支持した信長の「布武天下」』濱田昭生（郁朋社）

『ドキュメンタリー織田信長』『近衛前久が謀った真相「本能寺の変」』濵田昭生（東洋出版）、
ほか

著者プロフィール

濱田昭生《はまだあきお》

1945年、兵庫県生まれ。津名高校、神戸商科大学（現・兵庫県立大学）卒業。
1968年、神戸銀行（現・三井住友銀行）入行。事務部門、業務企画部門、全国銀行協会などを担当。支店長、関西事務センター長などを歴任。
1998年、さくら銀行（現・三井住友銀行）退職。企業役員、銀行傍系会社社長などを歴任。
〈著書〉
『孫子に学ぶ　21世紀型組織経営論』（碧天舎2003年刊）
『織田信長　民姓国家　実現への道』（東洋出版2006年刊）
『桶狭間の戦い――景虎の画策と信長の策略――』（東洋出版2007年刊）
『信長、謙信、信玄の力量と、天皇が支持した信長の「布武天下」』
（第八回「歴史浪漫文学賞」優秀賞受賞作品、郁朋社2008年刊）
『ドキュメンタリー織田信長』（東洋出版2010年刊）
『宮本武蔵は、名君小笠原忠真の「隠密」だった』（東洋出版2012年刊）
『近衛前久が謀った 真相「本能寺の変」』（東洋出版2013年刊）

真相解明《しんそうかいめい》　――信長《のぶなが》の七不思議《ななふしぎ》――

著者　　濱田昭生《はまだあきお》

発行日　　2015年8月5日　初版　第1刷発行

発行者　　田辺修三
発行所　　東洋出版株式会社
〒112-0014　東京都文京区関口1-23-6
電話　03-5261-1004（代）
振替　00110-2-175030
http://www.toyo-shuppan.com/

印刷・製本　日本ハイコム株式会社（担当：所隆志）

ISBN 978-4-8096-7789-2
定価はカバーに表示してあります